松嫩平原苏打盐渍土逆境胁迫研究

迟春明 ◎ 著
王志春 ◎ 审

西南交通大学出版社
·成 都·

图书在版编目（CIP）数据

松嫩平原苏打盐渍土逆境胁迫研究 / 迟春明著. —成都：西南交通大学出版社，2016.8
ISBN 978-7-5643-4932-5

Ⅰ. ①松… Ⅱ. ①迟… Ⅲ. ①松嫩平原－苏打盐土－盐胁迫－研究 Ⅳ. ①S155.2

中国版本图书馆 CIP 数据核字（2016）第 198467 号

松嫩平原苏打盐渍土逆境胁迫研究

迟春明 著

责任编辑	罗在伟
封面设计	何东琳设计工作室
出版发行	西南交通大学出版社 （四川省成都市二环路北一段 111 号 西南交通大学创新大厦 21 楼）
发行部电话	028-87600564　028-87600533
邮政编码	610031
网址	http://www.xnjdcbs.com
印刷	四川煤田地质制图印刷厂
成品尺寸	165 mm × 230 mm
印张	12.25
字数	141 千
版次	2016 年 8 月第 1 版
印次	2016 年 8 月第 1 次
书号	ISBN 978-7-5643-4932-5
定价	47.00 元

前　言

土壤盐渍化严重阻碍了松嫩平原区域农业的可持续发展。如何改良利用丰富的盐渍土资源一直是该区农业可持续发展研究所关注的难点、重点和热点。本书从盐渍土逆境胁迫限制作物正常生长的角度出发，分析松嫩平原盐渍土的物理和化学性质，揭示该区盐渍土逆境胁迫的胁迫因子和胁迫机制，阐明解除该区盐渍土逆境胁迫的基本原理，筛选出合理有效的技术措施，建立起松嫩平原盐渍土逆境胁迫解除的判断标准。

土壤理化性质分析结果表明：土壤黏粒分散系数高达95%以上，土壤水稳性大团聚体含量为0%，供试土壤饱和导水率变化范围为0.02~0.22 $mm \cdot d^{-1}$；土壤盐分组成以$NaHCO_3$和Na_2CO_3为主，土壤中Na^+含量占可溶性阳离子总量70%以上，HCO_3^-和CO_3^{2-}含量占可溶性阴离子总量的比例在80%以上；该区苏打盐渍土的碱化度（*ESP*）很高，多在30%以上，最高可达90%以上，土壤钠质化（碱化）程度很高。

土壤浸提液盐分总浓度（*TEC*）与其电导率（*EC*）间存在显著线性关系。饱和浸提液*TEC*（TEC_e）和其*EC*（EC_e）的关系方程为：$TEC_e \approx 10\ EC_e$，该研究结果表明：可以采用国际上通用EC_e = 4 $dS \cdot m^{-1}$做为判断松嫩平原土壤是否发生盐害的阈值指标，而且国际上通用的以EC_e为标准的盐土分类系统与土壤盐害分级标准可以在松嫩平原苏打盐渍土上应用。同时，松嫩平原苏打盐渍土土水比1:5浸提液的*TEC*（$TEC_{1:5}$）与其*EC*（$EC_{1:5}$）的关系方程也为：$TEC_{1:5}$

$\approx 10 \times EC_{1:5}$。

土壤饱和浸提液与土水比1∶5浸提液的 *EC*、钠吸附比（*SAR*）、阳离子总浓度（*TCC*）、Na^+浓度间存在极显著的线性关系。其中，EC_e与 $EC_{1:5}$间的关系方程为：$EC_e \approx 11.00 \times EC_{1:5}$；将土水比1∶5浸提液 *SAR*（$SAR_{1:5}$）、*TCC*（$TCC_{1:5}$）、$Na^+$浓度转换为饱和浸提液 *SAR*（$SAR_e$）、*TCC*（$TCC_e$）、$Na^+$浓度的换算系数分别为：13.00、11.00、12.00；但是，K^+、Ca^{2+}、Mg^{2+}浓度在两种浸提液间不存在相关性；土水比1∶5浸提液的 pH（$pH_{1:5}$）与饱和浸提液的 pH（pH_s）相差很小，在实际工作中可以用 $pH_{1:5}$代替 pH_s来表示土壤酸碱度。

松嫩平原苏打盐渍土的碱化度（*ESP*）与 *SAR* 间存在显著的相关性。*ESP* 与 SAR_e的经验方程为：$ESP = 10.72 \times \ln(SAR_e) - 15.36$；*ESP* 与 $SAR_{1:5}$的经验公式为：$ESP = 11.44 \times \ln(SAR_{1:5}) + 5.48$。方程 $ESP = 10.72 \times \ln(SAR_e) - 15.36$ 的计算结果可能出现负值，而且土壤过饱和浸提液的制备过程较为繁琐，因此，在实践中建议使用 $SAR_{1:5}$推算出该区苏打盐渍土的 *ESP*。

松嫩平原苏打盐渍土的逆境胁迫包括化学性逆境胁迫与物理性逆境胁迫。化学性逆境胁迫的胁迫因子包括：过高的土壤盐分浓度、过高的土壤 Na^+浓度与过高土壤 pH；高盐分浓度对应的胁迫机制是渗透胁迫，高 Na^+浓度的胁迫机制是离子毒害和离子拮抗，高 pH 的胁迫机制包括 3 个方面：

（1）高 pH 对植物根系的直接腐蚀作用；

（2）高 pH 导致某些营养元素匮乏或有效性降低；

（3）形成某些有害物质阻碍植物生长。

土壤化学性质恶化引起土壤物理性质恶化。因此，苏打盐渍土的物理性逆境胁迫可以看作是化学性逆境胁迫的间接作用。苏打盐渍土物理性逆境胁迫的胁迫机制包括4个方面：

（1）土壤基质势胁迫，即土壤水吸力过高而引起的植物根系吸水困难；

（2）营养胁迫，即根系吸水困难而间接导致的营养元素吸收困难；

（3）通气性胁迫，即土壤通透性差而导致的植物根系呼吸困难；

（4）机械阻力胁迫，即土壤结构恶化对作物出苗和根系伸展产生的机械阻力。

解除松嫩平原苏打盐渍土逆境胁迫的基本原理就是除去土壤环境中的各项胁迫因子，其具体内容包括：置换交换性 Na^+，排出土壤盐分，降低土壤pH，改善土壤物理性质，防止土壤返盐，培肥熟化土壤。

解除苏打盐渍土逆境胁迫的技术措施包括化学改良措施、物理改良措施、生物改良措施和工程措施等，具体内容包括：施用化学改良剂，如脱硫石膏、硫酸铝、磷石膏等；物理改良措施，如降低土壤容重、客土压沙等；水平冲洗排盐；种植耐（抗）盐植物；增施有机肥料；水利工程措施；覆盖防止土壤返盐；综合措施：种植水稻。

本书为作者念博士期间的研究成果，全书共8章。从盐渍土逆境胁迫限制作物正常生长的角度出发，分析了松嫩平原盐渍土的物理和化学性质，揭示了该区盐渍土逆境胁迫的胁迫因子和胁迫机制，阐明了解除该区盐渍土逆境胁迫的基本原理，筛选了合理有效的技术措施，建立了松嫩平原盐渍土逆境胁迫解除的判断标准。

著　者

2016年3月

目　录

第一章 绪 论

第一节 研究背景与研究意义

一、研究背景

土壤盐渍化是一个世界性农业生态环境问题（Abrol et al.，1988；Kovda et al.，1973；Sumner & Naidu，1998；Szabolcs，1989；Tanji，1990；王遵亲等，1993）。据联合国教科文组织（UNESCO）和粮农组织（FAO）不完全统计，全世界盐渍土面积约为 9.55×10^{8} ha，约占全球陆地面积的 7.23%，约占全世界可耕作土地面积的 10%（Tanji，1990）。在世界 7 大洲中，除南极洲外，其他 6 大洲均有盐渍土分布。就国家而言，盐渍土分布于 100 多个国家（Szabolcs，1989），中国、澳大利亚、俄罗斯、阿根廷、伊朗、印度、巴拉圭、印度尼西亚、埃塞俄比亚、美国、加拿大、埃及、智利等，都是盐渍土分布面积较广的国家（Sumner & Naidu，1998）。

中国是土壤盐渍化较为严重的国家之一，盐渍土总面积约为 9.9×10^{7} ha，其中现代盐渍土约为 3.7×10^{7} ha，残余盐渍土约为 4.5×10^{7} ha，潜在盐渍化土壤约为 1.7×10^{7} ha（王遵亲等，1993）。由于盐渍土分布地区生物气候等环境因素的差异，大致可将中国盐渍土分为：滨海盐土与滩涂、黄淮海平原盐渍土、东北松嫩平原苏打盐渍土、半漠境内陆盐土和青新极端干旱的漠境盐土等5大片区（俞仁培和陈德明，1999）。

松嫩平原是我国盐渍土主要分布区域之一（王遵亲等，1993；俞仁培和陈德明，1999），盐渍土总面积约为 3.42×10^{6} ha，约占全区总面积的19.4%（宋长春等，2003），并以每年1.4%的速度扩展（李取生等，1998）。该区盐渍化土壤盐分以 $NaHCO_3$ 和 $NaCO_3$ 为主，属苏打型盐渍土（王遵亲等，1993；俞仁培和陈德明，1999）。苏打盐渍土面积约为 2.31×10^{6} ha，占全区盐渍土总面积的70%以上（宋长春等，2003）。该区盐渍土主要分布在平原西部的半干旱至干旱地区，主要包括吉林省西部的松原和白城地区，黑龙江的三肇、安达、大庆和齐齐哈尔等地区（宋长春等，2003）。土壤盐渍化导致大量土壤资源丧失，农业生产条件恶化，严重阻碍了当地农业和农村经济的持续健康发展。

二、研究意义

从以上分析可见，盐渍土作为一种重要的土壤资源类型，在世界各地均有广泛分布。但是，盐渍化致使土壤降低甚至丧失了自身的农业价值，已经成为困扰全球农业发展的基本因素之一。为满足社会对农产品的基本需求，有关国家和地区十分重视治理和利用盐渍土这类土壤资源。

在我国，为了确保粮食安全，国务院在2008年颁布了《国家粮食安全中长期发展规划纲要》。同年，作为《国家粮食安全中长期发展规划纲要》实施的重要组成部分，吉林省启动了百亿斤粮食增产项目建设工程，预计利用五年或稍长一点时间，形成新增玉米 3.0×10^9 kg、水稻 2.0×10^9 kg 的生产能力。吉林省百亿斤粮食增产项目的主体工程是在西部盐渍土地区新建松原、镇赉、大安三大灌区工程，新开垦盐渍化荒地为 1.7×10^5 ha。

长期以来，松嫩平原一直是我国重要的商品粮基地。就吉林省而言，目前每年出产的粮食占全国总产量的5%，全国10%的商品粮都来自这里，粮食商品率居各省首位。因此，从国家大政方针和地方区域经济发展来看，加强该地区土壤盐渍化研究，对改善当地生态环境，促进农民增产增收，保障国家粮食安全都具有十分重要的现实意义。

从土壤盐渍化特征的角度看，松嫩平原盐渍化土壤的盐分组成以 $NaHCO_3$ 和 Na_2CO_3 为主，土壤盐渍化过程具有盐化与钠质化（碱化）同时发生，土壤化学性质和物理性质同时恶化的特点（李彬等，2007；王春裕，2004；王遵亲等，1993）。其他国家或地区的盐渍土，土壤盐分组成多以 NaCl 和/或 Na_2SO_4 为主，土壤盐化过程或钠质化（碱化）过程单独发生，土壤化学与物理性质极少同时恶化（Abrol et al.，1988；Kovda et al.，1973；Sumner & Naidu，1998；Szabolcs，1989；Tanji，1990）。因此，松嫩平原苏打盐渍土的理化性质具有独特性，其对作物生长发育的不利影响也是具有特殊性。而且，国外对苏打盐渍土的研究相对较少。因此，从土壤与作物相互作用关系出发，在分析松嫩平原苏打盐渍土物理和化学性质特点的基础上，归纳和总结该区苏打盐渍土逆境胁迫阻碍作物生长发育的胁迫因子和作用机制，进而提出解除苏打盐渍土逆境胁迫的基本原理和技术措施，建立苏打盐渍土逆境胁迫解除的判断标准，无论是对国际上盐渍土的相关研究，还是对松嫩平原盐渍土的改良利用研究，均具有重要的理论与现实意义。

第二节　国内外研究进展

澳大利亚学者 Rengasamy 是最早对土壤的逆境胁迫进行综合论述（Rengasamy，2000；Rengasamy，2002；Rengasamy et al.，2003）的研究者。土壤的逆境胁迫主要是由其理化性质恶化引起的（Rengasamy et al.，2003）。而土壤盐渍化的基本特征是土壤物理和/或化学性质恶化，因此，盐渍土对作物的生长发育产生逆境胁迫。国内外关于盐渍土逆境胁迫的相关研究主要包括：盐渍土逆境胁迫的成因、逆境胁迫的作用机制、解除胁迫的原理与措施、胁迫发生或解除的判断标准。

一、盐渍土逆境胁迫的成因

（一）化学性质恶化

盐渍土化学性质恶化表现在过高的土壤盐度、钠质化程度和 pH（Sumner，1993；Sumner & Nadiu，1998；USDA，1954）。土壤盐渍化导致土壤盐度升高，其过程包括原生盐渍化和次生盐渍化。原生盐渍化土壤盐分的主要来源之一是地下水。在干旱和半干旱地区，地下水含盐量较高，潜水埋深很浅，降雨量小，蒸发量大，最终导致地下水盐分随毛细管作用上升并在地表聚集。次生盐渍化的土壤盐分主要来源是灌溉水。在长期使用咸水或微咸水灌溉的情况下，如果排水不良，则会导致土壤盐分积累。

土壤钠质化（碱化）是指土壤在积盐与脱盐的反复过程中，大部分盐分被淋洗掉，而 Na^+ 在土壤交换性盐基中占到一定比例的过程。

土壤 pH 的升高的原因之一是土壤中含有碳酸盐或/和重碳酸盐，在这类土壤中，土壤 pH 由土壤溶液的 $HCO_3^- + CO_3^{2-}$ 活度、土壤空气的 CO_2 分压和土壤溶液离子强度三者共同决定，其计算公式为（Mashhady & Rowell，1978）：

$$pH = \lg A + 7.82 - \lg p_{CO_2} - 0.5I^{0.5}$$

式中 A——$HCO_3^- + CO_3^{2-}$ 活度；

p_{CO_2}——CO_2 分压；

I——离子强度。

土壤 pH 升高的另一个原因是土壤胶体上吸附的 Na^+ 水解，产生 OH^-，其水解方程式为：

$$[clay]^{-Na^+} + H_2O \Longleftrightarrow [clay]^{-H^+} + OH^- + Na^+$$

应该说明的是，并不是 Na^+ 水解就一定能引起土壤的强碱性反应，还要看 Na^+ 饱和的程度以及土壤胶体上的其他离子组成。只有当土壤胶体完全被盐基饱和时，交换性 Na^+ 水解才能引起土壤的碱性反应。如果土壤胶体没有完全被盐基饱和，就是说胶体上有被吸附的 H^+，那么有交换性 Na^+ 水解形成的 OH^- 则可以被 H^+ 中和，土壤有可能呈中性甚至微酸性反应（王遵亲等，1993）。

（二）物理性质恶化

盐渍土物理性质受土壤盐度和钠质化程度共同调控。高盐分浓度的土壤溶液能促进黏粒的絮凝作用，增强土壤团聚体稳定性（Shainberg & Letey，1984；Sumner & Naidu，1998），因此，盐度促使土壤物理性状向好的方面发展；土壤中过量 Na^+ 离子的存在使黏粒发生分散作用（Ayers et al.，1985；Bauder & Brock，2001，Frenkel et al.，1978），进而导致土壤通透性下降，形成表层封闭与结皮（Hardy et al.，1983；Levy et al.，2005；Mamedov et al.，2001；Shainerg et al.，2001），因此，钠质化促使土壤物理性质恶化。

根据已有研究（Quirk & Schofield，1955；Quirk，1984；Quirk，1994；Quirk，2001；Rengasamy et al.，1984），盐渍土处于某一物理状态时，土壤浸提液/土壤溶液/出流液的盐分总浓度与钠吸附比的关系为：

$$TEC = aSAR + b$$

式中　TEC——盐分总浓度（$mmol_c \cdot L^{-1}$）；

SAR——钠吸附比（$mmol_c \cdot L^{-1}$）$^{1/2}$；

a、b——经验系数。

根据 TEC 和 SAR 的关系，盐渍土按其黏粒物理状态可分为三种类型：自发分散型盐渍土、机械分散型盐渍土和絮凝型盐渍土（Sumner & Nadiu，1998）。自发分散型盐渍土是指土壤溶液的 TEC 小于其自发临界絮凝浓度，土壤黏粒自发性分散，物理性质不良；机械分散型盐渍土是指土壤溶液的 TEC 介于土壤自发临界絮凝浓度和机械临界絮凝浓度之间，黏粒不发生自发性分散，但会在机械作用力下发生分散，土壤物理性质在外力干扰时发生恶化；絮凝型盐渍土是指土壤溶液的 TEC 大于其机械临界絮凝浓度，土壤黏粒始终保持絮凝状态，物理性质良好。

二、逆境胁迫的作用机制

（一）化学性质限制机理

土壤化学性质限制作用是由土壤盐害引起的，主要机制为渗透胁迫、离子毒害、营养失衡（Abrol et al.，1988；Nadiu & Rengasamy，1993；USDA，1954）。渗透胁迫是由于土壤盐分过多致使土壤溶液浓度过高，渗透势降低，从而导致植物吸收土壤水分能力下降，表现出生理干旱状态。

离子毒害作用机制包括两方面：一是由于土壤环境中某些离子浓度过高而导致的毒害作用，例如，Na^{+}浓度过高引起生质膜的破损，进而使植物的光和作用、呼吸作用、碳水化合物代谢、蛋白质和氨基酸合成等生理生化过程遭到破坏，最终抑制植物生长发育；二是由于高 pH 引起的毒害作用，高 pH 不仅直接腐蚀作物根系，而且还能引起硼、铝等元素产生毒害（Ma et al.，2003）。

营养失衡作用机制也包括两方面：一是由于土壤溶液中某一离子浓度过高引发离子拮抗作用，近而抑制植物根系对其他营养元素的吸收，如土壤中 Na^{+}浓度过高会造成 K^{+}或 Ca^{2+}的吸收受到抑制（Khan et al.，2000；Plaut et al.，2000）；二是高 pH 会降低 N、P、Ca、Fe、Mn、Cu、Zn 等营养元素的有效性（Nadiu & Rengasamy，1993）。

（二）物理性质作用机制

物理性质的限制作用包括直接作用和间接作用。直接作用是指土壤过于致密从而对根系伸展产生机械阻力或者由于土壤表层结皮/封闭而抑制种子萌发和幼苗生长。间接作用是指由于土壤物理性质恶化而引起的土壤水分、空气、养分有效性降低（Rengasamy et al.，

2003），从而影响作物的生长。钠质土结构性很差，土壤水的基质势很低，土壤水分多为无效水，水分有效性很低；土壤养分必须通过水分运输才能进入植物体内，土壤水分有效性降低必然导致土壤养分有效性降低；另外，钠质土黏粒高度分散，堵塞大孔隙，土壤通透性差，致使土壤氧气含量不足，流通性差，限制植物根系呼吸作用，严重时在厌氧环境下还会产生 H_2S 等有害物质。

三、盐渍土逆境胁迫解除原理与措施

(一)解除盐渍土逆境胁迫的基本原理

1. 盐　土

盐土最明显的特征是土壤溶液盐分浓度过高。虽然盐土溶液中较高的盐分浓度能够促使土壤黏粒处于凝絮状态，并维持较高的土壤渗透性，但过高的盐分浓度对作物生长具有明显的限制作用。因此，盐土改良的基本原理是降低土壤溶液的盐分浓度使之达到作物可以忍耐的水平（王遵亲等，1993）。

2. 钠质土

钠质土是指土壤交换性 Na^+ 含量超过一定阈值从而导致土壤物理性质恶化并因此使作物的生长发育受到阻碍的一类土壤。钠质土含有过多的交换性 Na^+ 离子，导致黏粒高度分散，堵塞土壤孔隙，这是钠质土物理性质恶化的根本原因。因此，这类盐渍土的改良包括以下 2 个步骤：

（1）利用 Ca^{2+} 置换土壤胶体上的 Na^+；

（2）将被置换的 Na^+ 淋洗出根层或土体。

因此，充足的钙源和良好的土壤渗透性是成功改良钠质土的两个基本前提（Ilyas et al.，1997；Mezewa et al.，2003）。

（二）解除盐渍土逆境胁迫的技术措施

1. 洗 盐

洗盐是指通过排水的方式将溶解于水中的土壤盐分排出根层或土体。根据排水的方式，土壤洗盐可以分为垂直淋洗和水平冲洗两种方式。

盐分垂直淋洗是改良盐土的一种通用技术，其具体过程包括以下3个步骤：

（1）可溶性盐的溶解；

（2）淋洗水在土壤剖面中的渗透；

（3）盐分淋洗出根层土壤。

土壤盐分淋洗效果与其淋洗效率有关。土壤盐分的淋洗效率是指单位体积的应用水量可以淋洗排出的可溶性盐数量。土壤盐分淋洗效率与土壤盐分的初始含量和分布、溶质组成、土壤结构和质地、土壤的空间变异性、淋洗分数、土壤含水量、淋洗方法以及管理水平等因素有关（李法虎，2006）。

在一维淋洗条件下盐分的淋洗效率可用下面的经验公式描述：

$$\frac{D_w}{D_s}=\frac{EC_i}{\alpha EC_f}+\beta$$

式中 D_w——淋洗水量（mm）；

D_s——被淋洗的土壤深度（mm）；

EC_i——土壤初始电导率（$dS \cdot m^{-1}$）；

EC_f——土壤淋洗后的电导率（$dS \cdot m^{-1}$）；

α、β——经验常数。

盐分水平冲洗是指通过水平方式将土壤盐分排出根层或土体的洗盐方法。这种方法多用于钠质土。由于钠质土导水性能极差，尤其是底层土壤几乎不透水，即使在表层土壤使用改良措施，其盐分或 Na^+ 也难被淋洗到根层以下，所以只能通过水平冲洗方式将盐分排出土壤（Qadir et al.，1998）。

2. 施用化学改良剂

化学方法多用于钠质土改良，是指利用外加 Ca^{2+} 或外加酸性物质活化 $CaCO_3$ 产生的 Ca^{2+} 置换土壤胶体上的 Na^+。常用的钙源有：可溶性钙盐，如氯化钙（$CaCl_2 \cdot 2H_2O$）和石膏（$CaSO_4 \cdot 2H_2O$）等；微溶性钙盐，如石灰石（$CaCO_3$）（Oster，1982；Qadir，1996；Shainberg & Gal，1982）。常用的酸性物质有：硫酸（Amezketa et al.，2005）、硫酸铝（王宇等，2006；赵兰坡等，2001）、硫酸铁、糠醛渣等（王遵亲等，1993）。

可溶性 Ca^{2+} 与土壤交换性 Na^+ 的反应可写为：

$$[clay]^{-Na^+}_{-Na^+} + Ca^{2+} \Longleftrightarrow 2\,Na^+ + [clay]^{-Ca^{2+}}$$

由上式可见，改良过程中 Ca^{2+} 需要量与被置换的 Na^+ 数量有关。因此，需要的 Ca^{2+} 数量可由需要被置换的 Na^+ 数量求得。单位面积（m^2）盐渍土改良所需的 Ca^{2+} 数量计算公式为：

$$Q_{Ca} = \lambda \times D_s \times \rho \times CEC \times (ESP_i - ESP_f)$$

式中 Q_{Ca}——钙离子需要量（$mol_c \cdot m^{-2}$）；

λ——Ca - Na 置换系数，通常为 1；

D_s——土壤的改良深度（m）；

ρ——土壤容重（$t \cdot m^{-3}$）；

CEC——阳离子交换量（$cmol_c \cdot t^{-1}$）；

ESP_i——土壤的初始碱化度（%）；

ESP_f——改良后土壤的碱化度（%）。

3. 物理措施

物理措施是不引入外加钙源或酸性物质而仅仅改善土壤物理性质的方法。最常见的方法包括施用土壤结构改良剂和栽培耕作措施两类。

土壤结构改良剂可以改善土壤结构，提高土壤的入渗和导水性能。土壤结构改良剂可分为三类：人工合成高分子聚合物制剂，如聚丙烯酰胺（PAM）和聚乙烯醇（PVA）；自然有机制剂，如芦苇胶和田菁胶；无机制剂，如氧化铁（铝）硅酸盐（黄昌勇，2000）、粉煤灰、沸石粉等。聚丙烯酰胺能有效提高土壤的入渗速率（Tang et al.，2006；Yu et al. 2003；潘英华等，2003；唐泽军等，2002），是盐渍土改良中最常用的土壤结构改良剂（彭冲等，2006）。另外，碎石对土壤渗透和导水性能的改善作用近年来引起了研究者的关注（王慧芳和邵明安，2006；周蓓蓓和邵明安，2006；周蓓蓓和邵明安，2007）。这有可能是改善盐渍土物理性状的又一有效途径。

深耕或深翻是盐渍土改良中常用的栽培耕作措施。深耕可以降低土壤容重，改善土壤通透性。深翻可以粉碎心土层，提高土壤的导水性能，尤其是当盐渍土具有弱透水层或不透水层时，这种作用更加明显。而当土壤深层含有钙质矿物时，深翻可使之与表层混合，为化学改良提供钙源。土壤深翻的深度与弱透水层或不透水层及钙质层的位置有关，一般为0.5~1.0 m。

4. 种植耐盐植物

种植耐盐植物改良盐渍土又称为植物改良，主要应用于钙质盐渍土（Qadir & Oster，2002；Qadir，et al.，2001）。植物改良主要机理可用如下公式表示（Qadir & Oster，2004）：

$$V_{Bio} = \sum R_{PCO_2} + R_{H^+} + R_{Phy} + S_{Na^+}$$

改良的具体过程包括（Qadir & Oster，2004；Qadir et al.，2005；Qadir et al.，2007）：

（1）作物根系呼吸和/或根系分泌物的氧化产生大量的 CO_2，土壤中 CO_2 分压的提高促进土壤钙质矿物的溶解，进而提高土壤溶液中的 Ca^{2+} 浓度。

（2）产生的酸性物质增加了土壤钙质矿物的溶解。

（3）Ca^{2+} 置换土壤胶体上的 Na^+。

（4）作物根系的生长延伸改善土壤的通透性能。

（5）被置换下的 Na^+ 随灌溉水淋洗出土体或根层。

（6）作物吸收盐分或 Na^+，收获后移出土壤。

因此，应用生物改良措施必须具备以下 2 个前提：

（1）土壤自身含有较充足的钙源。

（2）进行灌溉促进盐分淋洗/冲洗。

5．施用有机物料

施用有机物料可以提高 CO_2 分压，降低土壤的 pH 值，提高土壤团聚体数量和稳定性，改善土壤通透性能，提高土壤水分的有效性。

施用有机物料提高土壤 CO_2 分压进而改良盐渍土的主要机理可用下列反应方程式表示：

$$CO_2 + H_2O \Longrightarrow H_2CO_3$$

$$H_2CO_3 \Longrightarrow H^+ + HCO_3^-$$

$$H^+ + CaCO_3 \Longrightarrow Ca^{2+} + HCO_3^-$$

$$Ca^{2+} + [clay]^{-Na^+}_{-Na^+} \Longrightarrow 2Na^+ + [clay]^{-Ca^{2+}}$$

其具体过程与植物改良相似：①有机质氧化分解产生 CO_2，CO_2溶于水产生 H_2CO_3，H_2CO_3分解产生 H^+和 HCO_3^-；②有机质在氧化分解过程中形成多种有机酸，产生 H^+；③H^+与 OH^-发生中和反应，降低土壤的 pH；④H^+与土壤中 $CaCO_3$反应产生 Ca^{2+}；⑤Na-Ca 在阳离子交换位进行交换，Na^+被替换到土壤溶液中；⑥Na^+被淋洗/冲洗出根层或土体。

许多研究表明，有机质能够提高土壤空气的 CO_2分压，增加 Ca^{2+}浓度，降低土壤的 pH，从而改善盐渍土的物理性质。Robbins（1986）的研究发现，有机质改良盐渍土时，在所有处理中，当 CO_2分压最高时改良效果最好。松轩等（2004）研究表明，在盐渍土中加入草炭和风化煤后种植水稻能显著降低土壤的 pH，增加交换性 Ca^{2+}的浓度，Ca^{2+}和土壤胶体上的 Na^+发生交换作用，使 Na^+被代换出来并进入土壤溶液，在静水压力作用下向下淋洗，从而使 Na^+/K^+、Na^+/Ca^{2+}、Na^+/Mg^{2+}数值明显降低，土壤团聚体明显增强，土壤理化性状得到显著改善。郭继勋等（1998）研究表明，在碱斑地上覆盖枯草（600 $g \cdot m^{-2}$），两年后土壤的 pH 由对照的 10.0 降到 9.4，土壤物理性质明显改善。

有机质能促进土壤团聚体的形成（Czarnes 2005；Tiscall & Oades，1982），因为有机质在分解转化过程中能形成多糖、脂肪等有机物和细菌、真菌菌丝等微生物，这些物质有助于土壤团聚体的形成并提高团聚体的稳定性（Molope et al.，1987；Rilling et al.，2006；Tisdall，1991）。有机质促进土壤团聚体的形成主要是因为有机质具有胶结作用及复合作用。团聚体可分为大团聚体（ $> 250\ \mu m$）和微团聚体（ $< 250\ \mu m$），而微团聚体可分为大型微团聚体（$20 \sim 250\ \mu m$）和小

型微团聚体（< 20 μm）（Christensen，2001）。团聚体的形成过程如下：

$$<2\ \mu m \rightarrow 2-20\ \mu m \rightarrow 20-250\ \mu m \rightarrow >250\ \mu m$$

在团聚体的形成过程中有机质是一种重要的胶结剂，按其年龄和降解的程度可以分为 3 类：

（1）短暂型胶结物质（transient binding agents），主要是指多糖，由其胶结作用形成的团聚体是短暂型的，稳定性差，寿命短，一般为几个星期。

（2）临时型胶结物质（temporary binding agents），主要是指根系和菌丝，由其胶结作用形成的团聚体是临时型的，稳定性较强，寿命较长，一般为几个月。

（3）持久型胶结物质（persistent binding agents），主要是指有机－矿质复合体，由其胶结作用形成的团聚体是持久型的，稳定性很强，寿命长，一般为几年（Tisdall & Oades，1982）。持久型胶结物质和短暂型胶结物质促进微团聚体的形成，并且持久型胶结物质起主导作用，因此，一般情况下，微团聚体的稳定性较强；临时型胶结物质促进大团聚体的形成，而当根系或菌丝分解后大团聚体的稳定性就丧失了，因此大团聚体的稳定性相对较弱（Tisdall & Oades，1982）。有机物料施入盐渍土后，经过一系列的转化分解可形成大量的腐殖质，多糖和菌丝。土壤腐殖质不但是重要的有机胶结物质，而且还能通过多价阳离子（如 Ca^{2+}、Fe^{3+}、Al^{3+} 等）的“键桥”作用与矿物质土粒形成有机－矿物质复合体，进而形成持久型的土壤团聚体；多糖尽管是短暂型的胶结物质，但是如果它处在复合体的内部，则不易被微生物分解，从而亦可形成稳定性强、寿命长的团聚体。因此，有机质施入盐渍土后微团聚体的稳定性将会提高，数量将会增加。菌丝的形成能促进大团聚体数量的增加和稳定性的增强，尽管形成的大团聚体是临时型的，但其寿命仍能达到几个月，因此连续多次的施入有机质将会持久保持大团聚体的数量和稳定性。团聚体数量的增加和稳定性的增强能明显改善土壤的孔隙状况，改善土壤的渗透性，促进盐分淋洗。

有机质施入盐渍土后，与没有施入有机质的对照土壤相比，由于大孔隙的形成，其表层土壤水势明显增加。而水势代表的是水分所具有的能量状态，水势越高，水分的能量越高，水的流动性越强，因此，水分总是由水势高的点向水势低的点流动。因此，土壤水水势的提高表明土壤水分的可流动性增强，即土壤水分的可利用性增强，水分有效性提高。谢承陶等（谢承陶等，1993）和陈志鸿等（陈志鸿等，2002）的研究均表明有机质施入盐渍土后其表层土壤水势明显提高，这一点可以通过有机质区和对照区的土壤水分特征曲线的差异来说明。有机质施入盐渍土后，同一含水量时的土壤水吸力值，有机质区明显小于对照区，即有机质区的土壤水势高于对照区的土壤水势。另外，水分特征曲线发生变化也表明有机质改良盐渍土能够提高土壤水分的有效性，即有机质施入盐渍土后，每一相同吸力水平的土壤含水量，有机质区明显高于对照区，这说明土壤水分有效性增加，水分利用率提高。

6. 覆　盖

土壤中的水分和盐分运移是一个动态过程。在淋洗作用下，土壤盐分随水向下运移；在蒸发作用下，土壤盐分随水向上运移并在地表聚集。在高地下水位和高蒸发量的盐渍土地区，如何有效抑制盐分淋洗/冲洗后的土壤返盐是盐渍土改良过程中的关键问题。利用作物秸秆或其他材料覆盖土壤表面，即可避免改良期间降雨雨滴对土壤表面团聚体的撞击而引发的表层封闭和结皮，进而提高土壤入渗性能，同时又可降低地表蒸发，防止返盐，从而提高并巩固改良效果。另外，亚表层覆盖，即在表层以下埋入碎石或作物秸秆等介质，可以有效地切断土壤的毛细管作用，从而抑制土壤返盐（Guo et al.，2006）。

四、胁迫发生或解除的判断标准

美国盐土实验室将土壤饱和浸提液电导率（EC_e）作为判断土壤发生或解除盐害的指标。当 $EC_e > 4\ dS \cdot m^{-1}$时，土壤发生盐害，作物生长受到渗透胁迫；当 $EC_e < 4\ dS \cdot m^{-1}$时，胁迫解除（USDA，1954）。该标准在国际上已被接受并得到了广泛的应用，是目前判断土壤盐害的公认标准（Sumner，1993；Sumner & Nadiu，1998）。

钠质土的标志性特征之一是土壤物理性质恶化，其对作物生长发育的不利影响也是由土壤物理性质恶化引起的。因此，土壤是否发生钠质化也是判断盐渍土逆境胁迫发生或解除的依据。美国盐土实验室将土壤碱化度（ESP）作为土壤钠质化的判断指标，$ESP > 15\%$、$EC_e < 4\ dS \cdot m^{-1}$、pH < 8.5 的土壤被称作钠质土（USDA，1954）。但 $ESP > 15\%$ 这一标准并没有得到广泛接受，澳大利亚学者将土壤发生钠质化的 ESP 阈值设定为 5%（McIntyre，1979；Sumner，1993）。导致二者产生差异的原因是，美国盐土实验室以饱和导水率（K_{10}）

作为判断土壤物理性质恶化的指标，当 $K_{10} < 1.0\ mm \cdot h^{-1}$ 时，土壤物理性质恶化（USDA，1954）。美国盐土实验室测定土壤 K_{10} 时使用的自来水的盐分总浓度（*TEC*）为 3 ~ 10 $mmol_c \cdot L^{-1}$，而澳大利亚学者测定 K_{10} 时所用水源的盐分总浓度（*TEC*）为 0.7 $mmol_c \cdot L^{-1}$（Sumner，1993）。土壤黏粒的絮凝作用随灌溉水 *TEC* 的增加而增加（Qiurk & Schofield，1955），因此，要达到土壤 $K_{10} < 1.0\ mm \cdot h^{-1}$，美国盐土实验室的试验需要比 McIntyre 的试验更高的土壤 *ESP*（Shainberg et al.，1989）。由此可见，国际上对盐渍土逆境胁迫发生或解除的判断标准目前尚未形成广泛共识。

五、松嫩平原苏打盐渍土逆境胁迫研究内容

松嫩平原苏打盐渍土的相关研究主要包括以下 2 方面内容：

（1）土壤苏打盐渍化的发生机制与发展过程。

（2）苏打盐渍土治理与利用的技术措施。

就第一部分内容而言，其研究成果可概括为：松嫩平原苏打盐渍土具有盐化与钠质化（碱化）同时发生的特点，该区土壤盐渍化的成因包括气候因素、地形地貌特征、水文地质条件、冻融作用、人类活动等（陈恩凤等，1962；李昌华，1963；李昌华和何昌云，1964；林年丰等，1999；王晶等，1995；吴英，1997；曾昭顺和王汝庸，1962；张殿发和王世杰，2000；张为政，1994）。就松嫩平原苏打盐渍土的改良利用而言，其技术措施主要以盐渍土种稻、增施有机肥料、施用化学改良剂为核心（陈恩凤等，1984；程伯容和王汝庸，1962；李取生等，2003；罗新正和孙光友，2007；罗新正等，2003；

宋长春等，2002；王春裕，2004；王志春等，2003；王遵亲等，1993；王汝庸和王春裕，1973；杨富亿等，2004；赵兰坡等，2001；周永俭等，1994）。陈恩凤教授将松嫩平原苏打盐渍土改良利用的学术指思想概括为“排灌是基础，培肥是根本”（王春裕，2004）。

六、国内外研究中存在的问题

针对土壤物理性质与化学性质同时恶化的苏打盐渍土，国内外相关研究仍存在以下不足之处：

（1）苏打盐渍土阻碍作物生长发育的作用机理；

（2）解除苏打盐渍土逆境胁迫的基本原理；

（3）苏打盐渍土逆境胁迫解除的判断标准。

第三节　主要研究内容、技术路线、拟解决的科学问题与创新点

一、研究内容

（1）苏打盐渍土物理和化学性质；

（2）苏打盐渍土逆境胁迫的胁迫因子；

（3）苏打盐渍土逆境胁迫的胁迫机制；

（4）解除苏打盐渍土逆境胁迫的基本原理；

（5）解除苏打盐渍土逆境胁迫的技术措施；

（6）苏打盐渍土逆境胁迫解除的判断标准。

二、技术路线（见图1.1）

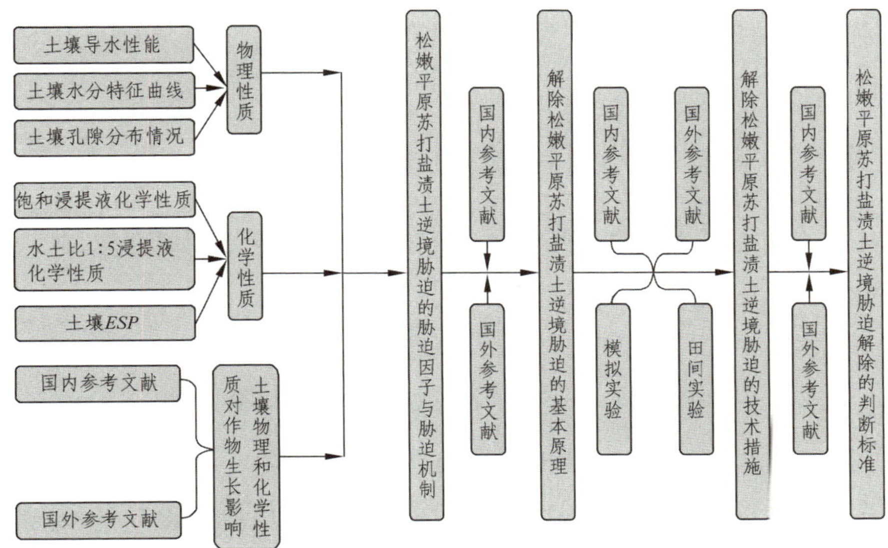

图1.1 技术路线

三、拟解决的科学问题

（1）松嫩平原苏打盐渍土改良利用必须解除的关键性限制因素；

（2）松嫩平原苏打盐渍土改良利用的最佳技术措施。

四、创新点

（1）建立了松嫩平原苏打盐渍土通过土水比1:5浸提液化学参数推算土壤饱和浸提液化学参数的经验公式；

（2）明确了解除苏打盐渍土逆境胁迫的基本原理；

（3）建立了解除苏打盐渍土逆境胁迫的判断标准。

第二章　苏打盐渍土草原植被群落分布与土壤逆境胁迫相互关系

松嫩平原是我国盐渍土集中分布区域之一（王遵亲等，1993；俞仁培和陈德明，1999），其盐渍土总面积约为342万公顷，约占全区总面积的19.40%（刘兴土等，2002）。由于土体中富含$NaHCO_3$和Na_2CO_3（李彬等，2007），该区盐渍土被称作苏打盐渍土（王遵亲等，1993；俞仁培和陈德明，1999）。在该区域，羊草群落、星星草群落、虎尾草群落、碱蓬群落是主要的草原植被群落类型（李建东和郑慧莹，1997），同时还存在大量的无植被生长的碱斑地。由于土壤和植物之间是一种相互作用的关系，因此，阐明苏打盐渍土草原植被群落分布与土壤理化性质的相互关系，对于揭示该区土壤逆境胁迫对植物生长发育、草原生态系统的退化演替与恢复规律、实现苏打盐渍土的可持续开发利用等相关研究具有重要意义。

一、材料和方法

（一）供试土样

供试土样取自大安碱地生态试验站（N45°35′58″—N45°36′28″，

E123°50′27″—123°51′31″)，取样时间为 2008 年 6 ~ 7 月。试验站内主要植被类型为羊草、星星草、虎尾草、碱蓬（邓伟等，2006），与松嫩平原主要植被类型相同。因此选择这 4 种植被群落样地，以无植被的碱斑裸地为对照，挖取土壤剖面。剖面深度为 30 cm，按 10 cm 间隔取样。

(二)土壤化学性质测定

土壤盐度采用饱和浸提液电导率表示。参照美国盐土实验室的方法制备土水比1∶5浸提液（USDA，1954），采用 DDS－307 型电导率仪（上海精密仪器厂）测定其电导率。应用松嫩平原盐渍土饱和浸提液电导率（EC_e）与土水比1∶5浸提液电导率（$EC_{1:5}$）的换算关系（详见第三章），将测得的 $EC_{1:5}$转换成 EC_e，其换算方程为：

$$EC_e \approx 10EC_{1:5} \tag{2.1}$$

式中 EC_e——土壤饱和浸提液电导率（$dS \cdot m^{-1}$）；

$EC_{1:5}$——土水比1∶5浸提液电导率（$dS \cdot m^{-1}$）。

土壤碱度选用碱化度（*ESP*）和酸碱度进行判断。土壤 *ESP* 的计算公式为：

$$ESP = 100 \times E_{Na}/CEC \tag{2.2}$$

式中 *ESP*——土壤碱化度（%）；

E_{Na}——土壤交换性 Na^+ 含量（$cmol \cdot kg^{-1}$）；

CEC——土壤阳离子交换量（$cmol \cdot kg^{-1}$）。

交换性 Na^+ 采用乙酸铵-氢氧化铵-火焰光度法测定，*CEC* 采用氯化铵-乙酸铵法（刘光崧，1996）测定。

土壤酸碱度采用土水比1∶5浸提液 pH 表示，pH 采用 PHS-3C 型 pH 计（上海雷磁科学仪器厂）测定。

(三)土壤物理性质测定

1. 基本物理性质测定

土壤容重采用环刀法测定，壤结构系数按《土壤理化分析与剖面描述》一书中土壤微团聚体的测定方法进行计算（刘光崧，1996）。

2. 饱和导水率测定

以原状土为试样，在土壤剖面按 10 cm 间隔取样，每层 6 次重复，采用南京土壤仪器厂生产的 TST－55A 型渗透率仪，按定水头法测定饱和导水率。饱和导水率采用达西定律计算，即：

$$K_s = \frac{Q \times L}{A \times t \times H} \tag{2.3}$$

式中 K_s——饱和导水率（$cm \cdot s^{-1}$）；

Q——渗透量（mL）；

A——渗透横截面面积（cm^2）；

t——渗透时间（s）；

L——土柱长度（cm）；

H——水头（cm）。

二、结果与分析

(一)不同群落类型下的土壤化学性质

1. 土壤盐度

由表 2.1 可知，不同植被群落类型下土壤盐化程度明显不同。表层 0～10 cm 土壤盐度的排列顺序为：羊草＜星星草＜虎尾草＜碱蓬＜碱斑，并且各群落类型间土壤 EC_e 的差异均具有显著（$p<0.05$）

统计学意义；10～20 cm 和 20～30 cm 剖面土壤盐度由小到大的顺序均为：羊草，星星草，虎尾草，碱斑，碱蓬，并且，前四者间 EC_e的统计差异均达到显著水平（$p<0.05$），但后两者间 EC_e的差异不显著（$p>0.05$）。这些结果说明，植被群落分布与土壤盐度密切相关，土壤盐化程度应是决定松嫩平原草原植被群落分布的关键性因素之一。

进一步分析发现，不同的群落类型，土壤剖面（0～30 cm）盐度分布状况存在差异。首先，有植被土壤与无植被土壤间比较，二者剖面盐度变化规律不同。在有植被生长的情况下，土壤剖面 EC_e随深度的增加而增加。例如，星星草群落下，当剖面深度由 0～10 cm 分布增加到 10～20 cm 和 20～30 cm 时，EC_e从 5.76 dS · m^{-1}分布增加到 13.28 dS · m^{-1}和 17.89 dS · m^{-1}（见表 2.1）；而在无植被的碱斑地，其 0～10 cm、10～20 cm 和 20～30 cm 剖面对应的 EC_e分别为 21.77 dS · m^{-1}、20.41 dS · m^{-1}和 21.32 dS · m^{-1}，即，土壤随剖面深度的逐渐增加，EC_e先降低后升高（见表 2.1）。这些结果说明，植物生长能够影响苏打盐渍土剖面盐度分布。

其次，有植被土壤间比较，土壤剖面（0～30 cm）盐度分布规律亦不相同。在羊草群落下，0～10 cm 和 10～20 cm 剖面土壤盐度分别为 2.64 dS · m^{-1}和 2.88 dS · m^{-1}，两者数值十分接近，统计差异不显著（$p>0.05$），但二者与 20～30 cm 剖面土壤盐度（$EC_e=4.00$）相差较大，统计差异显著（$p<0.05$）；星星草和虎尾草群落下，三个土层 EC_e数值相差均较大，三者间差异均具有显著的统计学意义（$p<0.05$）；碱蓬群落下，10～20 cm 和 20～30 cm 剖面土壤盐度分别为21.46 dS · m^{-1}和 22.34 dS · m^{-1}，二者间差异不显著（$p>0.05$），但两者与 0～10 cm 剖面土壤盐度（$EC_e=13.35$ dS · m^{-1}）差异显著

（$p<0.05$）。

表 2.1　不同植被群落下苏打盐渍土 0 ~ 30 cm 剖面土壤化学性质

群落类型	EC_e（dS·m^{-1}）			ESP（%）			pH		
	0 ~ 10 cm	10 ~ 20 cm	20 ~ 30 cm	0 ~ 10 cm	10 ~ 20 cm	20 ~ 30 cm	0 ~ 10 cm	10 ~ 20 cm	20 ~ 30 cm
羊草	2.64a	2.88a	4.00a	14.19a	15.52a	18.13a	7.95a	8.06a	8.22a
星星草	5.76b	13.28b	17.89b	33.64b	56.92c	60.13c	9.21b	9.45c	9.61c
虎尾草	8.59c	15.65c	19.27c	41.37c	46.38b	51.56b	9.37c	9.39b	9.46b
碱蓬	13.35d	21.46d	22.34d	68.92d	74.14d	76.92e	9.94d	10.02d	10.07d
碱斑	21.77e	20.41d	21.32d	79.74e	74.66d	74.64d	10.19e	10.21e	10.23e

注：同一列内，数字后不同字母代表统计差异显著（$p<0.05$）。

2. 土壤碱化程度

不同群落类型下土壤碱化程度（*ESP* 和 pH）见表 2.1。由表 2.1 可见，土壤的 *ESP* 随植被群落的变化而变化。在 0 ~ 10 cm 剖面，土壤的 *ESP* 按羊草、星星草、虎尾草、碱蓬、碱斑的顺序由小到大排列，并且数值间差异均具有显著（$p<0.05$）统计学意义；10 ~ 20 cm 剖面，*ESP* 的排列顺序为：羊草 < 虎尾草 < 星星草 < 碱蓬 < 碱斑，并且后两者间土壤 *ESP* 的差异不显著（$p>0.05$）；20 ~ 30 cm 剖面，*ESP* 由小到大排列顺序为：羊草、虎尾草、星星草、碱斑、碱蓬，*ESP* 数值间均具有显著（$p<0.05$）差异。

就土壤剖面 *ESP* 变化规律而言，有植被土壤与碱斑地土壤的变化规律不同。有植被群落分布时，随剖面深度的逐渐增加，土壤 *ESP* 不断提高，并且数值间差异显著（$p<0.05$）；无植被生长情况下，*ESP* 随土壤剖面深度的增加而降低，*ESP* 在 0 ~ 10 cm、10 ~ 20 cm 和 20 ~ 30 cm 剖面的数值分别为 79.74%、74.66% 和 74.64%，前者与后两

者差异显著（$p<0.05$），而后两者间差异不显著（$p>0.05$）。

由表 2.1 可知，土壤 pH 的变化具有明显的规律性。在 0 ~ 10 cm 剖面，土壤 pH 的排列顺序为：羊草 < 星星草 < 虎尾草 < 碱蓬 < 碱斑，并且 pH 间均存在显著（$p<0.05$）差异；在 10 ~ 20 cm 和 20 ~ 30 cm 剖面，土壤 pH 按羊草、虎尾草、星星草、碱蓬、碱斑的顺序依次升高，且数值间差异均达到显著统计学水平（$p<0.05$）；在同一剖面内，土壤 pH 随剖面深度的增加而增大，但其数值间相差不大。

尽管植被群落类型不同，但 5 个土壤剖面（0 ~ 30 cm）pH 变化规律却相同，即土壤 pH 均随剖面深度的增加而提高。并且，同一剖面内，各土层的 pH 相差不大。

上述实验结果说明，植被群落分布与土壤碱化程度密切相关，尤其是表层 0 ~ 10 cm 土壤的 *ESP* 和 pH，二者也应是决定松嫩平原草原植被群落分布的关键因素。

（二）不同群落类型下土壤物理性质

1. 土壤容重

不同群落类型下土壤容重情况见表 2.2。当剖面深度相同时，各群落类型下土壤容重大小关系为：羊草 < 星星草 < 虎尾草 < 碱蓬 < 碱斑。在 0 ~ 10 cm 剖面，土壤容重数值间差异均显著（$p<0.05$）；在 10 ~ 20 cm 和 20 ~ 30 cm 剖面，前者、中间两者、后两者，这三者间土壤容重数值差异显著（$p<0.05$），但中间两者比较时，差异不显著（$p>0.05$），后两者比较时，差异也不显著（$p>0.05$）。

2. 土壤结构系数

由表 2.2 可知，苏打盐渍土土壤结构系数较低。比较而言，羊草群落下的土壤结构系数最高，但其变化范围也仅为 14.36% ~ 19.28%，而其他各群落类型及碱斑裸地下的土壤结构系数均小于 4.45%。相对而言，有植被土壤的结构系数要大于碱斑地的土壤结构系数。土壤结构系数反映土壤结构稳定性，结构系数越大，土壤结构越稳定，土壤物理性质越好（Oades，1984；邵明安等，2006）。供试土壤的结构系数很低（除羊草群落），说明其物理性质很差。

3. 土壤饱和导水率

由表 2.2 可见，各土层土壤饱和导水率（K_{10}）变化介于 0.04 ~ 43.16 $mm \cdot d^{-1}$，属低透水强度范围内。相对而言，羊草群落下的土壤透水能力较强，其变化范围为：$18.08\ mm \cdot d^{-1} \leqslant K_{10} \leqslant 43.16\ mm \cdot d^{-1}$，而其他各群落类型下的土壤导水性能极差，饱和导水率变化范围仅为：$0.04\ mm \cdot d^{-1} \leqslant K_{10} \leqslant 0.22\ mm \cdot d^{-1}$。饱和导水率主要反映土壤饱和渗透性能，对于一定的土壤而言，其饱和导水率是个常数。供试土样的饱和导水率很小，说明苏打盐渍土基质对水流的阻碍作用很强，土壤的通透性很差。

表 2.2 不同植被群落下苏打盐渍土 0 ~30 cm 剖面土壤物理性质

群落类型	容重			结构系数（%）			饱和导水率($mm \cdot d^{-1}$)		
	0 ~ 10 cm	10 ~ 20 cm	20 ~ 30 cm	0 ~ 10 cm	10 ~ 20 cm	20 ~ 30 cm	0 ~ 10 cm	10 ~ 20 cm	20 ~ 30 cm
羊草	1.33*a*	1.38*a*	1.32*a*	19.28*e*	14.36*c*	15.23*d*	43.16*c*	24.93*c*	18.08*c*
星星草	1.43*b*	1.47*b*	1.45*b*	2.51*d*	2.68*b*	1.17*a*	0.18*ab*	0.09*a*	0.09*a*
虎尾草	1.51*c*	1.42*b*	1.47*b*	4.43*c*	1.52*a*	3.86*c*	0.14*a*	0.04*a*	0.09*a*
碱蓬	1.57*d*	1.64*c*	1.66*c*	1.12*b*	2.34*b*	2.21*b*	0.22*b*	0.15*b*	0.17*b*
碱斑	1.67*e*	1.66*c*	1.67*c*	0.74*a*	1.48*a*	1.03*a*	0.11*a*	0.08*a*	0.09*a*

注：同一列数字后不同字母代表统计差异显著（$p<0.05$）。

三、讨 论

不同种类植物的耐盐碱能力存在差异，因此，植被群落分布必然随着土壤盐渍化程度的变化而变化。有研究表明，羊草、星星草、虎尾草、碱蓬耐盐碱能力依次增强（张崇邦等，1995）。但是，本研究中，表层0～10 cm土壤的EC_e、ESP和pH均是按这一顺序逐渐升高。这表明，松嫩平原0～10 cm土壤盐渍化程度与植被群落分布密切相关。而且，由表2.2可见，碱蓬地与碱斑地0～10 cm、10～20 cm、20～30 cm剖面土壤EC_e的数值分别为13.55 dS·m^{-1}、21.46 dS·m^{-1}、22.34 dS·m^{-1}、21.77 dS·m^{-1}、20.41 dS·m^{-1}和21.32 dS·m^{-1}，统计分析表明，前者与后五者间差异显著（$p<0.05$），而后五者间差异不显著（$p>0.05$）。这说明，只要表层（0～10 cm）土壤盐度小于碱蓬的忍耐极限，地表就可以形成碱蓬群落，即使表层以下土壤盐度超过碱蓬的忍耐阈值，但是，当表层（0～10 cm）土壤盐度超过一定阈值后，任何植物都难以生长，土壤成为碱斑地（李建东和郑慧莹，1997）。这可能是与种子的萌发、根系的生长主要集中在表层土壤有关。因此，表层0～10 cm土壤的盐渍化程度是决定松嫩平原植被群落分布的关键因素。

土壤物理性质也是植物生长发育的影响因素之一。由表2.2可见，按羊草、星星草、虎尾草、碱蓬和碱斑排列，土壤容重逐渐升高。而对结构系数和饱和导水率两项土壤物理参数而言，除羊草地相关数据值最高外，星星草、虎尾草、碱蓬土壤的数据值与植被类型间无明显的规律性，但总体而言高于碱斑裸地的数据值。这表明容重是影响植被群落分布的首要土壤物理性质，结构系数及饱和导水率对植被类型的分布也具有一定的影响作用。

盐渍土理化学性质决定植被群落分布状况，反之，植被群落分布情况则可以反映土壤盐渍化程度与物理性质。国际上通常将 EC_e = 4 dS·m^{-1}作为判断土壤发生盐害的阈值（USDA，1954；Gupta and Abrol，1990；Chhabra，2005），而盐土则分为轻度、中度和重度 3 个等级，其对应的 EC_e范围分别为：4 ~ 8 dS·m^{-1}、8 ~ 16 dS·m^{-1}和 > 16 dS·m^{-1}（USDA，1954）；在土壤没有发生盐害的情况下（$EC_e \leq 4$ dS·m^{-1}），$ESP > 30\%$、pH > 9.0 的土壤被称为碱土（王遵亲等，1993）；$EC_e \geq 4$ dS·m^{-1}、$ESP > 30\%$、pH > 9.0 的土壤则被称作碱化盐土。根据这一标准，由表 2.1 数据可知，羊草群落下土壤类型为非盐渍土，其他群落类型下的土壤均为碱化盐土，其中，星星草和虎尾草群落下的土壤为轻度碱化盐土，碱蓬地和碱斑地土壤则分别为中度和重度碱化盐土。因此，松嫩平原草原植被群落分布情况可以定性反映苏打盐渍土的盐渍化程度。另外，总体而言，羊草、星星草、虎尾草、碱蓬四种植被下土壤的容重、结构系数及饱和导水率均高于碱斑裸地，而且土壤容重按上述植被类型排列逐渐升高。因此，松嫩平原草原植被群落分布情况可以定性反映苏打盐渍土的物理性质。

土壤和植物之间是一种相互作用的关系。因此，在盐渍土理化性质决定植被群落分布的同时，植物生长也对盐渍土的理化性质产生影响。由实验结果分析已知，有植被群落分布时，苏打盐渍土 EC_e和 ESP 均随土壤剖面深度的增加而升高，而无植被生长的碱斑地，其变化规律恰好相反。这是因为，在植被生长条件下，一方面，地表盖度的增加降低了表层土壤的蒸发强度，进而减弱了盐分在地表的积累（李建东和郑慧莹，1995），另一方面，植物根系生长可以改善土壤物理性质，增强土壤导水性能，从而促进盐分淋洗（Ilyas et al.，1997；Qadir and Schubert，2002；Qadir et al.，2007），因此，表层土壤的盐渍化程度相对较低。而碱斑地由于地表蒸发强烈，引起盐分在表层聚集，从而导致表层土壤盐渍化程度相对较高。另外，星星草、虎尾草、碱蓬下土壤容重逐渐升高，但0～10cm土壤的结构系数排列顺序为虎尾草 > 星星草 > 碱蓬，而土壤饱和导水率的排列顺序为碱蓬 > 星星草 > 虎尾草，这可能是由于植物根系的生长导致的（Qadir and Schubert，2002；Qadir et al.，2007）。

本章小结

本章对羊草、星星草、虎尾草、碱蓬四种植被类型及碱斑裸地下苏打盐渍土0～30 cm剖面的化学和物理性质进行了测定分析，研究苏打盐渍土草原植被群落分布与土壤逆境胁迫因素的相互关系。

结果表明：按羊草、星星草、虎尾草、碱蓬、碱斑的排列顺序，苏打盐渍土理化性质不断恶化；0～10 cm剖面的土壤饱和浸提液电导率（EC_e），碱化度（ESP）、pH和土壤容重是影响群落分布的决定性因素；植被群落分布情况可以定性反映土壤的盐渍化程度和物理性质；植被生长可以影响盐渍土的理化性质；植被生长改变了土壤剖面EC_e和ESP的分布规律，在有植被群落分布的土壤上，EC_e和ESP均随剖面深度的增加而升高，而在无植被生长的碱斑地，二者均随剖面深度的增加而降低；因此，草原植被群落分别受盐渍土逆境胁迫因素的影响，反过来，植物生长可在一定程度上改善土壤的结构系数和饱和导水率，缓解土壤对植物的逆境胁迫。

第三章　松嫩平原苏打盐渍土的理化性质

第一节　苏打盐渍土的机械物理性质

一、材料与方法

（一）供试土样

供试土样取自大安碱地生态试验站（N45°35′58″—N45°36′28″，E123°50′27″—123°51′31″），取样时间为 2008 年 7 月。选择 4 组典型苏打盐渍土剖面（P1、P2、P3、P4），按 0～10、10～20、20～30、30～40、40～50、50～60 cm 层次取样。

（二）物理性质测定

1．土壤机械组成

土壤砂粒（2～0.02 mm）、粉粒（0.02～0.002 mm）、黏粒（<0.002 mm）的粒级分类标准采用国际土壤质地制中的分类方法（黄昌勇，2000）。砂粒、粉粒、黏粒含量采用沉降法测定（刘光崧，1996）。

2. 水稳性团聚体含量

对 0 ~ 10 cm，10 ~ 20 cm，20 ~ 30 cm 土层的水稳性团聚体含量进行了测定。水稳性团聚体的测定参照《土壤理化分析与剖面描述》（刘光崧，1996）中的测定方法。水稳性团聚体粒级分别为：2 ~ 0.25 mm，0.25 ~ 0.002 mm，<0.002 mm。水稳性团聚体含量采用质量分数表示，计算方法为：

$$z = 100 \times m'/m$$

式中　z——水稳性大团聚体质量分数（%）；

m'——大于 0.25 mm 水稳性团聚体的风干质量（g）；

m——风干土质量（g）。

3. 分散系数与结构系数

分散性黏粒含量采用沉降法测定（刘光崧，1996），黏粒分散系数公式计算：

$$y = \frac{w'}{w} \times 100$$

式中　y——黏粒分散系数（%）；

w'——土壤中分散性黏粒含量（$g \cdot kg^{-1}$）；

w——土壤机械组成中黏粒含量（$g \cdot kg^{-1}$）。

土壤结构系数采用计算法：

$$k = \frac{w - w'}{w} \times 100$$

式中　k——土壤结构系数（%）；

w'——土壤中分散性黏粒含量（$g \cdot kg^{-1}$）；

w——土壤机械组成中黏粒含量（$g \cdot kg^{-1}$）。

4. 饱和导水率

土壤饱和导水率采用南京土壤仪器厂生产的 TST - 55A 型渗透率

仪测定。以原状土为试样，在土壤剖面按实验设计间隔，使用与TST-55A型渗透率仪相配套的环刀取样。每层6次重复。取样后将样品带回室内，直接装入TST－55A型渗透率仪，采用定水头法测定饱和导水率。

饱和导水率采用达西定律计算，即

$$K_s = \frac{Q \times L}{A \times t \times H}$$

式中 K_s——饱和导水率（$cm \cdot s^{-1}$）;

Q——渗透量（mL）;

A——渗透横截面面积（cm^2）;

t——渗透时间（s）;

L——土柱长度（cm）;

H——水头高度（cm）。

为了消除温度的影响，将测定的饱和导水率换算成10℃下的饱和导水率：

$$K_{10} = \frac{K_s}{0.7 + 0.03T}$$

式中 K_s——某一水温下的饱和导水率（$cm \cdot s^{-1}$）;

K_{10}——10℃时的饱和导水率（$cm \cdot s^{-1}$）;

T——水的温度（℃）。

二、结果分析

（一）土壤机械组成和土壤质地

土壤机械组成是指土壤中各粒级颗粒的相对含量，又称土壤颗粒组成。根据机械组成划分的土壤类型被称为土壤质地。土壤机械组成和质地的划分方法较多，常见的有国际质地制、美国农部质地制、卡钦斯基质地制和中国质地制（黄昌勇，2000）。

本研究采用国际土壤质地制来判断土壤质地。该质地制以黏粒含量为主要标准，<15%者为砂土质地组和壤土质地组，15%～25%者为黏壤质地组，>25%者为黏土质地组。当土壤粉粒含量>45%时，在各质地组的名称前均冠以“粉质”字样；当砂粒含量在55%～85%时，则冠以“砂质”字样，当砂粒含量>85%时，则称为壤砂土或砂土。

供试土样的砂粒、粉粒、黏粒含量情况见表3.1。总体而言，4个剖面下层（20～60 cm）土壤黏粒的平均含量略高于表层（0～20 cm）土壤，黏粒含量>25%，属黏土质地组，表层土壤黏粒含量在18.87%～31.69%，属黏壤质地组或黏土质地组。在4个剖面中，仅有个别土层的粉粒含量>45%，而砂粒含量均<55%。因此，根据国际质地制，供试土壤的质地以黏土为主。

表3.1 土壤机械组成

土层 cm	黏粒 (<0.002 mm)(%)				粉粒 (0.002～0.02 mm)(%)				砂粒 (0.02～2 mm)(%)			
	P1	P2	P3	P4	P1	P2	P3	P4	P1	P2	P3	P4
0～10	18.87	30.17	23.02	20.68	38.31	34.02	44.69	40.14	42.82	35.81	32.29	39.19
10～20	25.54	30.74	19.87	31.69	33.86	37.57	48.66	38.73	40.60	31.69	31.47	29.57
20～30	28.77	25.63	25.08	27.16	32.44	45.56	46.58	44.31	38.80	28.81	28.35	28.54
30～40	30.78	34.10	35.82	39.63	33.34	38.46	38.80	32.42	35.88	27.44	25.39	27.95
40～50	31.64	33.48	31.57	42.11	37.14	39.30	45.43	30.50	31.21	27.22	22.99	27.39
50～60	39.26	43.82	32.42	46.57	31.88	30.50	44.77	26.19	28.86	25.68	22.81	27.24

(二)土壤结构

一般把土壤经过湿筛后，其粒级直径>0.25 mm团聚体的多少作为评价土壤团聚体水稳性能好坏的指标。著名的俄罗斯土壤学家B. P. 威廉斯曾提出>0.25 mm的水稳性团聚体含量占土重的70%时，称之为有结构的土壤（王春裕，2004）。土壤结构性在调节土体水、气、热及微生物活性等方面具有重要意义，是土壤肥力基础的重要特征，也是评价土壤肥力高低的重要依据之一。

供试土壤的水稳性大团聚体（>0.25 mm）含量为0%（见表3.2），说明土壤的结构性很差。而且土壤的分散系数极高，平均在97%~98%（见表3.3），土壤黏粒几乎完全分散。黏粒是土壤中最细的部分，具有极大的比表面积，其表面的负电荷与临近的土壤水中的阳离子形成双电层，从而导致其巨大的表面积和表面电荷，使之具有吸附水分子的能力，形成粒径相对比较厚的水层或水膜（王春裕，2004）。黏粒间的空间极细，黏粒间的水膜可以充满或堵塞这些极细的孔膜，而其孔隙在吸附水膜外侧可能尚有少数空间借助毛细管作用而保持着少量水分，在水膜不堵塞孔隙的条件下，其孔隙越细则毛管力越强（王春裕，2004）。可见，黏粒在一定含水量范围内呈现为极强的黏结性、黏着性和可塑性，干缩湿胀的程度极高。苏打盐渍土黏粒含量很高，而且几乎完全分散，地表湿时膨胀泥泞，干时收缩板结坚硬，物理性状严重恶化（王遵亲等，1993）。

表3.2 土壤水稳性团聚体含量

土层 cm	<0.002 mm（%）				0.002~0.25 mm（%）				0.25~2 mm（%）			
	P1	P2	P3	P4	P1	P2	P3	P4	P1	P2	P3	P4
0~10	18.68	28.83	22.85	20.19	81.32	71.17	77.15	79.81	0	0	0	0
10~20	24.95	30.27	19.58	30.97	75.05	69.73	80.42	69.03	0	0	0	0
20~30	28.13	24.64	24.82	26.67	71.87	75.36	75.18	73.33	0	0	0	0
30~40	29.99	33.18	35.4	38.79	70.01	66.82	64.6	61.21	0	0	0	0

续表 3.2

土层 cm	<0.002 mm（%）				0.002 ~ 0.25 mm（%）				0.25 ~ 2 mm（%）			
	P1	P2	P3	P4	P1	P2	P3	P4	P1	P2	P3	P4
40 ~ 50	31.06	32.75	30.95	41.38	68.94	67.25	69.05	58.62	0	0	0	0
50 ~ 60	38.42	42.97	32.03	45.4	61.58	57.03	67.97	54.6	0	0	0	0

表 3.3　土壤分散度和结构系数

剖面深度 cm	黏粒分散度（%）				结构系数（%）			
	P1	P2	P3	P4	P1	P2	P3	P4
0 ~ 10	98.98	95.57	99.26	97.64	1.12	4.43	0.74	2.36
10 ~ 20	97.68	98.48	98.52	97.72	2.32	1.52	1.48	2.28
20 ~ 30	97.79	96.14	98.97	98.21	2.21	3.86	1.03	1.89
30 ~ 40	97.43	97.29	98.84	97.87	2.57	2.71	1.16	2.13
40 ~ 50	98.17	97.81	98.03	98.26	1.83	2.19	1.97	1.74
50 ~ 60	97.86	98.06	98.79	97.48	2.14	1.94	1.21	2.62

（三）土壤饱和导水率

由图 3.1 可知，苏打盐渍土饱和导水率数值很小，各土层饱和导水率一般在 0.02 ~ 0.22 $mm \cdot d^{-1}$，属低透水强度范围内。饱和导水率主要反映土壤饱和渗透性能，对于一定的土壤而言，其饱和导水率是个常数。供试土样的饱和导水率很小，说明苏打盐渍土基质对水流的阻碍作用很强，土壤通透性很差。

另外，饱和导水率在土壤剖面中呈近 S 形分布：表层土壤的饱和导水率最高，随剖面深度的增加，饱和导水率先降低、再增加、然后再降低。在 20 ~ 60 cm 深度内，土壤 $K_{10} < 0.18\ mm \cdot d^{-1}$，土壤几乎不透水。底层土壤如此低的透水性必然对土壤盐分的垂直淋洗产生严重阻碍。

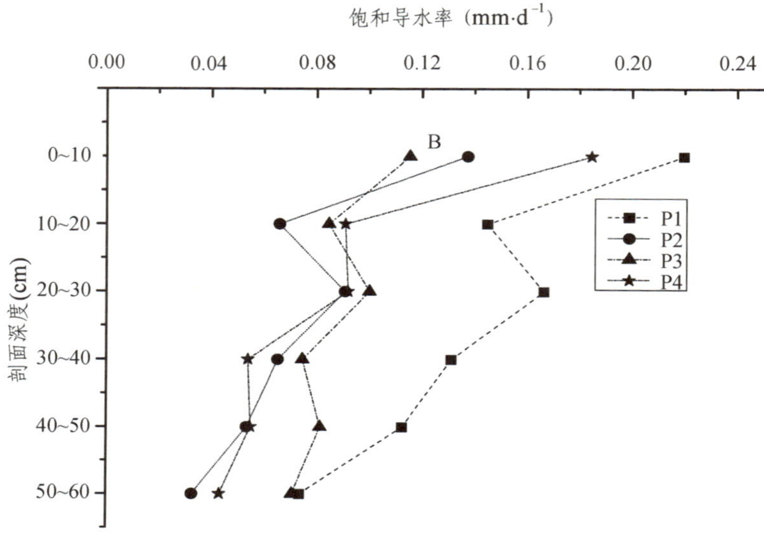

图 3.1　土壤饱和导水率

三、结　论

苏打盐渍土的物理性质恶化十分严重，主要表现在：土壤中黏粒几乎完全分散，土壤结构性极差，结构系数 <5.0%，土壤中水稳性大团聚体含量为 0%，土壤通透性极低，饱和导水率 <0.22 mm · d^{-1}。

第二节　苏打盐渍土基本化学性质

一、材料与方法

(一) 土样采集及准备

土壤样品来源：第一批土样采集范围较广，取样地点位于东经 122°51′—124°29′，北纬 44°24′—46°08′范围内，包括吉林省西部的大安、乾安、通榆、洮南、镇赉 5 个县/市。共 121 份样品，取样深度为 0～20 cm。第二批土样采自中国科学院大安碱地生态试验站（N45°35′58″—N45°36′28″，E123°50′27″—123°51′31″）。选取 4 块样地，样地面积为 16 m^2（4 m×4 m），每块样地用土钻按 20 cm 间隔取样，取样深度为 0～200 cm，即 10 层，每层按对角线法取 5 点混合样。4 块样地共计 40 份土样。将所有土样带回实验室，自然风干，粉碎，过 2 mm 筛。

（二）土壤浸提液制备

第一批土样配制饱和与土水比1∶5浸提液，第二批土样仅配制1∶5浸提液。

饱和浸提液的制备参照美国盐土实验室的方法（USDA，1954）。取 250 g 土样，放入 500 mL 的塑料杯中，缓慢加入无二氧化碳的蒸馏水，边加水边搅拌，同时不断在实验台上震荡塑料杯，直至土壤完全饱和。饱和泥浆的判断标准为：反射光线时，泥浆发亮；倾斜塑料杯时泥浆稍微流动。饱和泥浆静止 16 h，然后用布氏漏斗抽滤，得到饱和浸提液。

制备土水比1∶5浸提液。取 10 g 土样至 200 mL 锥形瓶内，加 50 mL无二氧化碳的蒸馏水。在往复式振荡机上震荡 15 min（150～180 次/min）。静止 1 h，再振荡 5 min。然后用布氏漏斗抽滤，得到浸提液。

（三）土壤浸提液化学性质分析

电导率（*EC*）采用 DDS-307 型电导率仪（上海精密仪器厂）进行测定，pH 用 PHS-3B 型 pH 计（上海雷磁科学仪器厂）测定，两批

土样均测定 *EC* 和 pH。

离子分析时，第一批土样仅测定 K^+、Na^+、Ca^{2+}、Mg^{2+} 四种阳离子，第二批土样测定 K^+、Na^+、Ca^{2+}、Mg^{2+} 阳离子，Cl^-、$SO_4{}^{2-}$ 浓度和 $HCO_3{}^- + CO_3{}^{2-}$ 总浓度。

K^+、Na^+、Ca^{2+}、Mg^{2+} 采用原子吸收法测定，$HCO_3{}^- + CO_3{}^{2-}$ 用中和滴定法测定，Cl^- 采用硝酸银滴定法，$SO_4{}^{2-}$ 采用比浊法测定。

阳离子总浓度和阴离子总浓度均由计算求得，即

$$TCC = C_{K^+} + C_{Na^+} + C_{Ca^{2+}} + C_{Mg^{2+}} \tag{3.1}$$

$$TAC = C_{HCO_3{}^-} + C_{CO_3{}^{2-}} + C_{Cl^-} + C_{SO_4{}^{2-}} \tag{3.2}$$

式中　*TCC*——阳离子总浓度（$mmol_c \cdot L^{-1}$）；

TAC——阴离子总浓度（$mmol_c \cdot L^{-1}$）。

土壤钠吸附比采用计算法求得：

$$SAR = \frac{C_{Na^+}}{\sqrt{(C_{Ca^{2+}} + C_{Mg^{2+}})\ /2}} \tag{3.3}$$

式中　*SAR*——钠吸附比，$(mmol_c \cdot L^{-1})^{1/2}$；

上述各式中，离子浓度的单位均为 $mmol_c \cdot L^{-1}$。

（四）土壤碱化度（*ESP*）的测定

碱化度采用以下公式计算：

$$ESP = 100 \times E_{Na}/CEC \tag{3.4}$$

式中　E_{Na}——交换性 Na^+（$cmol_c \cdot kg^{-1}$）；

CEC——阳离子交换量（$cmol_c \cdot kg^{-1}$）。

交换性 Na^+ 采用乙酸铵－氢氧化铵－火焰光度法进行测定，*CEC* 采用氯化铵－乙酸铵法进行测定。

二、结果与分析

（一）可溶性盐组成

以第二批土样为例分析土壤可溶性盐的组成情况。研究结果表明，土壤阳离子中以 Na^+ 为主，阴离子中以 HCO_3^{2-} 和 CO_3^{2-} 为主。Na^+ 浓度（y）占阳离子总浓度（x）的比例达 70% 以上，二者呈极显著（$p<0.01$）正相关，相关系数 $r=0.98$，二者的线性回归方程为：$y=0.79x-0.38$（$n=40$，$p<0.001$）（见图 3.2）；HCO_3^{2-} + CO_3^{2-} 浓度占阴离子总浓度的比例高达 80% 以上，二者相关系数 $r=0.98$（$p<0.01$），线性回归方程为：$y=0.92x-0.34$（$n=40$，$p<0.001$）（见图 3.3）。

本研究结果进一步证明，松嫩平原盐渍土的盐分组成以 $NaHCO_3$ 和 Na_2CO_3 为主，该区盐渍土属典型的苏打盐渍土。

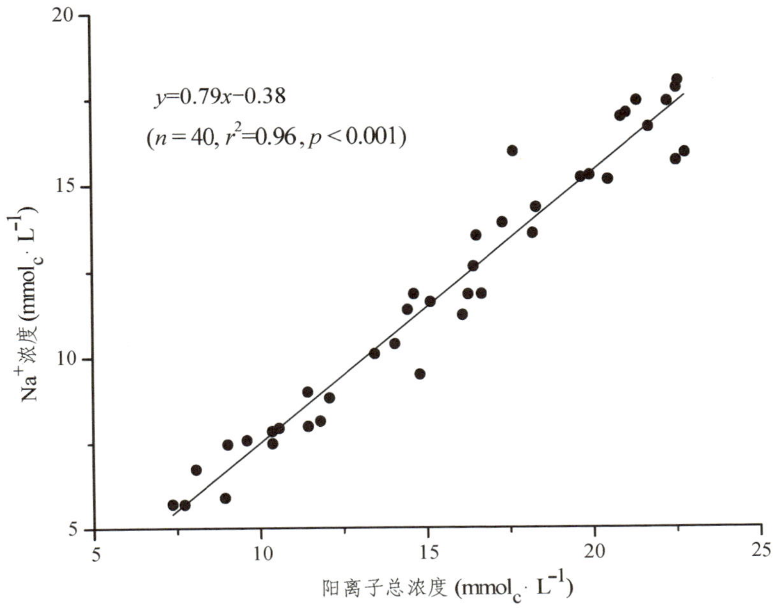

图 3.2　Na^+ 浓度与阳离子总浓度的关系

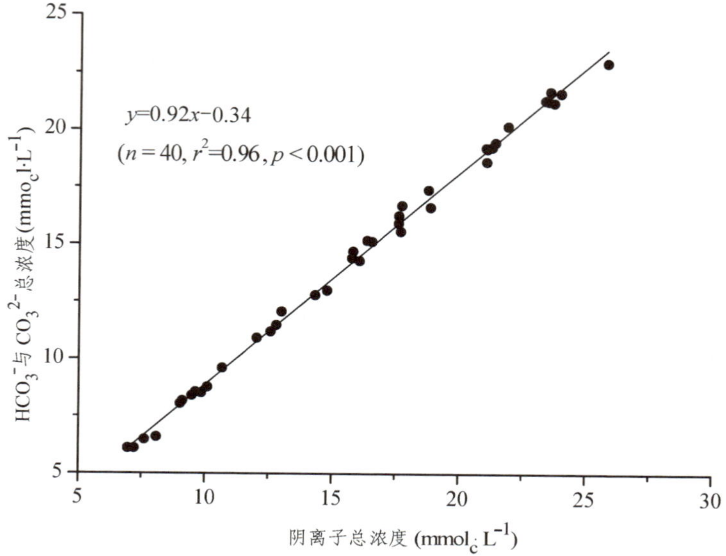

图 3.3　HCO_3^{2-} 与 CO_3^{2-} 总浓度与阴离子总浓度的关系

(二)土壤碱化度 (*ESP*)

土壤 *ESP* 是判断土壤碱化（钠质化）程度的重要指标。松嫩平原盐渍土地区，碱化土壤分为四级（吉林省土壤肥料总站，1998）：弱度碱化土壤（5% < *ESP* < 15%）、中度碱化土壤（15% < *ESP* < 30%）、强度碱化土壤（30% < *ESP* < 45%）和碱土（*ESP* > 45%）。在供试的第一批 121 份土壤样品中，*ESP* 的变化幅度为 0.39% ~ 76.51%，其中仅 6 份样品的 *ESP* < 5%，属于非碱化土壤，其余 115 份土样均为碱化土壤（见表 3.4）。而且，*ESP* > 45% 的碱土样品数量高达 60 份，占全部样品总数的 50% 左右，而 5% < *ESP* < 15% 的弱碱化土样品数量仅为 10 份，仅占样品总数的 8.26%。因此，松嫩平原苏打盐渍土不但碱化土壤的面积较大，而且 *ESP* 很高，强碱化土和碱土的比例很大。

表 3.4　松嫩平原 121 份盐渍土样品 *ESP* 分布情况

土壤类型	*ESP*（%）	样品数量	占总样品比例（%）
非碱化土	<5	6	4.96
弱碱化土	5～15	10	8.26
中碱化土	15～30	14	11.57
强碱化土	30～45	31	25.62
碱土	>45	60	49.59

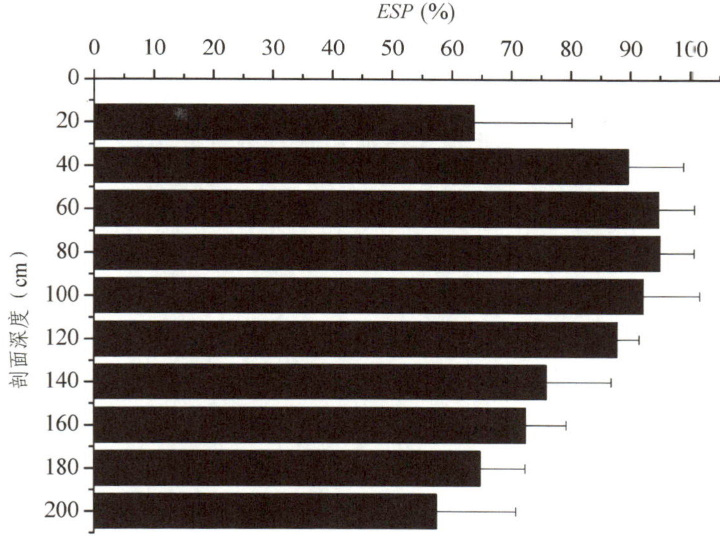

图 3.4　土壤 *ESP* 的剖面分布

第二批土样取自 4 个盐渍土剖面，将同一土层 *ESP* 数据求取平均值后，分析 *ESP* 在土壤剖面的分布情况（见图 3.4）。由图 3.4 可见，随剖面深度的不断增加，土壤 *ESP* 先升高后降低。在 0～80 cm 土层，*ESP* 随剖面深度的增加而增加，最小值为 0～20 cm 土层的 63.66%，最大值出现在 60～80 cm 土层，*ESP* 高达 95%。在 80～200 cm 剖面深度内，土壤 *ESP* 随剖面深度的不断增加而逐渐降低，最小值为 180～200 cm 土层的 57.36%。

(三)土壤饱和浸提液化学性质

土壤饱和浸提液的 *EC*（EC_e）、*SAR*（SAR_e）和 pH（pH_s）是判断土壤盐渍化程度的重要指标。国际上通常将 $EC_e = 4\ dS \cdot m^{-1}$ 作为盐土与非盐土划分标准（USDA，1954；Sumner & Nadiu，1998），美国盐土实验室将 $EC_e < 4.0\ dS \cdot m^{-1}$、$SAR_e > 13.0\ (mmol_c \cdot L^{-1})^{1/2}$、$pH_s > 8.5$ 的土壤定义为钠质土（USDA，1954）。在以往的研究中，松嫩平原苏打盐渍土的浸提液均采用土水比1∶5的方法获得，并未对 EC_e、SAR_e、pH_s等指标进行报道。因此，对研究松嫩平原苏打盐渍土的 EC_e、SAR_e、pH_s等指标进行研究具有重要意义。

表 3.5　供试土样 *EC*，*SAR*，pH 的统计分析结果

统计值	电导率（$dS \cdot m^{-1}$）	钠吸附比（$(mmol_c \cdot L^{-1})^{1/2}$）	pH
		饱和浸提液	
平均值	42.45	580.92	9.77
中数	26.40	277.03	10.16
最小值	1.02	0.12	7.30
最大值	227.00	4042.57	10.79
		土水比1∶5浸提液	
平均值	4.04	48.48	9.68
中数	3.18	30.32	10.16
最小值	0.22	0.14	7.02
最大值	18.80	268.94	10.80

本研究结果表明，松嫩平原苏打盐渍土 EC_e、SAR_e和 pH_s的数值均很高（见表 3.5），平均值分别为 42.45 $dS \cdot m^{-1}$，580.92 $(mmol_c \cdot L^{-1})^{1/2}$和 9.77。在 121 份样品中，105 份土样的 EC_e大于 4 $dS \cdot m^{-1}$，111 份土样的 SAR_e超过 13.0 $(mmol_c \cdot L^{-1})^{1/2}$，130 份土样的 pH_s大于 8.5，这表明土壤的盐渍化程度很高。而且，EC_e、

SAR_e和 pH_s变化幅度很大，三者的最小值分别为 1.02 $dS \cdot m^{-1}$，0.12 $(mmol_c \cdot L^{-1})^{1/2}$和7.30，三者的最大值分别为227.00 $dS \cdot m^{-1}$，4 042.57 $(mmol_c \cdot L^{-1})^{1/2}$和10.79，这说明土壤的盐渍化程度空间差异很大。

比较饱和与1∶5浸提液的化学参数可以发现，EC_e和 SAR_e显著高于土水比1∶5浸提液的 *EC*（$EC_{1:5}$）和 *SAR*（$SAR_{1:5}$）（见表3.5）。这说明，如果用 $EC_{1:5}$和 $SAR_{1:5}$来判断该区土壤的盐化和钠质化程度，那么其结果将远远低于土壤实际的盐渍化程度。但是，pH_s与土水比1∶5浸提液 pH（$pH_{1:5}$）的统计结果十分接近。这说明苏打盐渍土的 pH_s与 $pH_{1:5}$相差不大，其原因可能是，土壤盐分以 $NaHCO_3$和Na_2CO_3为主，土壤浸提液的缓冲性很强，以致于土壤浸提液水分状况发生很大变化时其 pH 变化不大。

第三节　苏打盐渍土化学参数间的换算关系

国际上通常用土壤溶液或浸提液的 *EC* 来表示或判断土壤盐害。这是因为，土壤盐分对作物生长的危害作用根本原因是由土壤溶液的盐分总浓度（*TEC*）升高引起的渗透胁迫。因此，只要测定土壤溶液的 *TEC* 即可判断土壤盐害程度。而溶液的 *TEC* 与 *EC* 间存在良好的线性关系（Rengasamy et al.，1984；USDA，1954），所以可以通过土壤溶液的 *EC* 来间接表示其 *TEC*。然而，不同研究间，采用同一种方法测定的 *EC* 能否作为土壤盐害的判断指标进行比较，关键取决于其 *EC* 所间接代表的 *TEC* 是否可以进行比较，即，不同研究间 *EC* 推算 *TEC* 的转换系数是否相同。因此，土壤溶液或浸提液的 *TEC* 与 *EC* 间的换算关系是盐渍土研究中的一项重要内容（Sumner，1993；USDA，1954）。

土壤浸提液的电导率（*EC*）、钠吸附比（*SAR*）、可溶性阳离子总浓度（*TCC*）以及Na^{+}、K^{+}、Ca^{2+}、Mg^{2+}浓度是研究盐渍土化学性质的重要指标。制备土壤浸提液有多种方法，就制备时所用土水比例而言，常用的包括饱和（Rhoades et al.，1989；USDA，1954）、1∶1（Sparks，1996；Wagenet & Jurinak，1978）、1∶2（Mckenzie et al.，1983；Rugland，1972）、1∶5（Sumner，1993）、1∶10（Faulkner et al.，2001）等。由于水的稀释作用，浸提液的土水比越高，测定的土壤化学指标越低（Reitemeier，1946；Sonneveld & Van DenEnde，1971）。国外一般采用与田间实际水分状况最为接近的饱和浸提液的测定结果来描述盐渍土的化学性质（Longenecker & Lylerly，1964；USDA，1954；Vaughn et al.，1995）。然而，土壤饱和浸提液的制备存在着饱和标准不易掌握（Rhoades，1993），制备过程繁琐，溶液量偏少（Sumner & Naidu，1998；Zhang et al.，2005），实验设备昂贵（Franzen，2003；Shirokova et al.，2000）等缺点。其他土水比的浸提液尽管其水分状况与田间实际相距甚远，但是制备过程简单、省时省力、节省经费、溶液量充足（Franzen，2003；Sumner & Naidu，1998；Zhang et al.，2005），因而被广泛采用。为了便于比较不同方法测得的数据，一些学者对不同方法测得的数据进行研究，并建立起相应的经验方程（Hogg & Henry，1984；Slavich and Petterson，1993；Sonmez et al.，2008）。

国内盐渍土研究多数采用土水比1∶5的方法制备土壤浸提液。石元春（1986）和李东顺等（1996）分别建立了黄淮海平原盐渍土和华北黑龙港区盐渍土饱和浸提液和1∶5浸提液间电导率相互换算的经验公式。松嫩平原盐渍土化学性质分析绝大多数也采用土水比1∶5浸提液，但到目前为止，尚缺乏将土水比1∶5浸提液测定数据转换为饱和浸提液相对应数据的经验公式。

土壤 *ESP* 和 *SAR* 是两个非常重要的土壤盐渍化参数。然而，土壤交换性 Na^+ 和阳离子交换量（*CEC*）的测定过程十分繁琐，而且准确性较差。因此，准确而有效地获得土壤 *ESP* 是相当困难的。比较而言，土壤浸提液中可溶性 Na^+、Ca^{2+}、Mg^{2+} 浓度的测定要容易得多，并且十分准确，因而 *SAR* 很容易获得。因此，一些学者建立了 *ESP* 与 *SAR* 间的经验关系公式（Franklin & Schmehl，1973；Ghafoor et al.，1988；Paliwal & Gandhi，1976；USDA，1954），通过 *SAR* 来推算 *ESP*，以达到提高实验效率的目的。常用的经验公式有两类，一类是通过饱和浸提液 *SAR*（SAR_e）推算土壤 *ESP*，代表性的经验方程为（USDA，1954）：

$$ESP = 1.475 \times SAR_e / (1 + 0.01475 \times SAR) \qquad (3.5)$$

另一类是通过土水比1∶5浸提液的 *SAR*（$SAR_{1:5}$）推算土壤 *ESP*，代表性的经验方程为（Rengasamy et al.，1984）：

$$ESP = 1.98 \times SAR_{1:5} + 1.8 \qquad (3.6)$$

由土壤浸提液 *SAR* 推算土壤 *ESP*，其转换系数受土壤饱和含水量、黏粒含量、矿物质种类、土壤盐度等因素影响（Enco et al.，2002；Frenkel and Alperovitch，1983；Levy and Hillel，1968；Sumner et al.，1998）。因此，为了提高推算结果的准确性，不同盐渍土地区应建立起自己的经验推算公式。松嫩平原是我国盐渍土集中分布区域之一（俞仁培，陈德明，1999）。但是，迄今为止并未建立该区盐渍土 *ESP* 与 *SAR* 间换算关系方程。

本研究对该区 121 份盐渍土样品进行了测定分析，对土壤饱和浸提液与土水比1∶5浸提液的 *TEC* 与 *EC* 的换算关系进行了研究，并与国内外其他研究结果进行了比较，建立了松嫩平原苏打盐渍土土水比1:5浸提液 EC、SAR、TCC、Na^+浓度和 pH 分别推算土壤饱和浸提液 EC、SAR、TCC、Na^+浓度和 pH 的经验公式，建立了由 SAR_e和 $SAR_{1:5}$分别推算 ESP 的经验方程，旨在为该区盐渍土研究与国内外相关研究的学术交流提供方便。

一、材料与方法

(一) 样品与数据

使用第二节中第一批土壤样品的数据。

(二) 数据处理

实验所得数据采用 SPSS12.0 进行统计分析。显著性检验、方差分析应用 AVOVA，回归分析应用 Regression 中的 Linear 程序。

(三) 经验公式有效性检验

使用另外 20 份独立样品的数据对经验公式的有效性进行检验。将各参数的实测值与计算值进行成对样本 T 检验和线性回归分析（SPSS12.0），根据统计分析结果判断经验方程的有效性。

二、结果与分析

(一) 土壤盐分总浓度与电导率的换算关系

1. 饱和浸提液 TEC 与 EC 关系方程及验证

松嫩平原苏打盐渍土饱和浸提液盐分总浓度（TEC_e）与其电导率（EC_e）的关系如图 3.5 所示，TEC_e随 EC_e的升高而升高。根据散点图形状，对 TEC_e与 EC_e进行线性拟合，其回归方程为：

$$TEC_e = 10.27EC_e - 4.41 \quad (r^2 = 0.98,\ p < 0.001) \tag{3.7}$$

方程（3.7）中，常数项为负数，由 EC_e推算 TEC_e时可能出现负值。因此，将常数项调整为0，其方程为：

$$TEC_e = 10.22EC_e \quad (r^2 = 0.98,\ p < 0.001) \tag{3.8}$$

在式（3.8）中，斜率10.22与10.00十分接近，简单起见，可将方程（3.8）写成：

$$TEC_e \approx 10.00EC_e \tag{3.9}$$

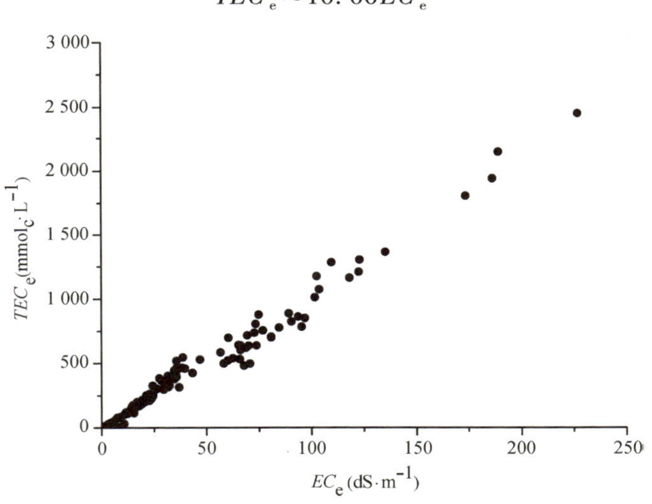

图3.5　松嫩平原盐渍土 TEC_e与 EC_e的关系

将20份土样的 EC_e数据分别代入方程(3.7)、(3.8)和（3.9)。其中方程（3.7）的计算值中出现负值。因此，将实测值分别与式（3.8）和式（3.9）计算值进行比较。成对样本T检验表明，计算值与实测值间差异不显著（$p > 0.05.$）。方程（3.8）计算值（y）与实测值（x）间的回归方程为：$y = 0.91x + 27.53$（$r^2 = 0.90$，$p < 0.01$）（见图3.6）；方程（3.9）计算值（y）与实测值（x）间的回归方程为：$y = 0.86x + 26.84$（$r^2 = 0.90$，$p < 0.01$）（见图3.7）。

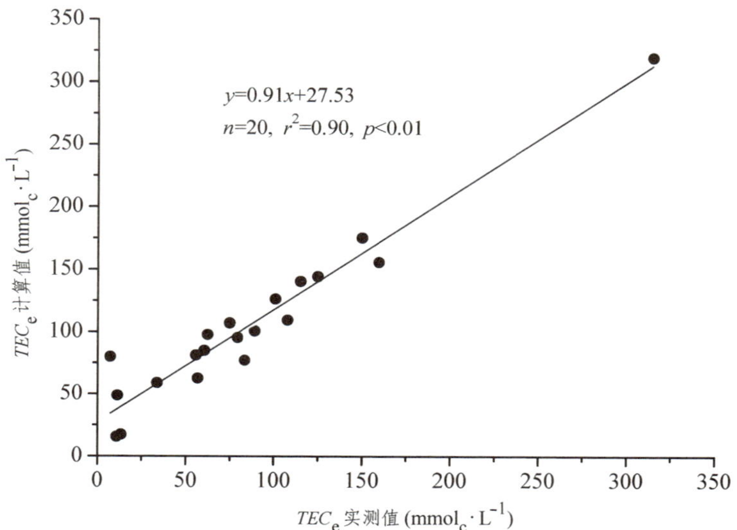

图 3.6　土壤 TEC_e 计算值 $TEC_e = 10.22EC_e$ 与实测值的关系

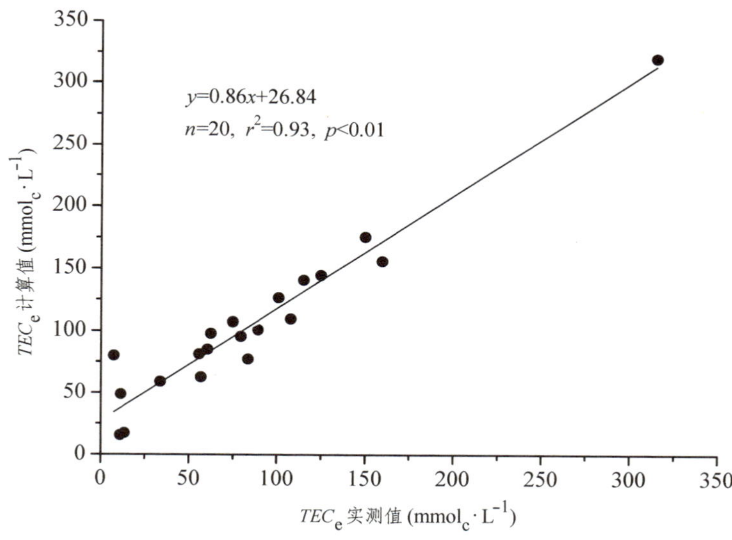

图 3.7　土壤 $TEC_{1:5}$ 计算值 $TEC_e \approx 10.00EC_e$ 与实测值的关系

对比图 3.6 和图 3.7 中两方程的参数，决定系数（r^2）均为 0.93，斜率 0.91 较斜率 0.86 更接近于 1.0，但常数项 27.53 较常数项 26.84 更远离于 0。理论上，如果计算值与实测值相等，那么回归直线的斜率应该为1，常数项应该为0，决定系数（r^2）应该为1。因此，很难判断式（3.8）和式（3.9）的预测结果哪个更好。既然两方程的预测结果十分接近，方便起见，实际工作中可以优先选择方程（3.9），即将土壤 EC_e 直接乘以10，可得土壤 TEC_e。

2. 土水比1∶5浸提液 *TEC* 与 *EC* 关系方程及验证

由图3.8可见，松嫩平原苏打盐渍土土水比1∶5浸提液的 *TEC*（$TEC_{1:5}$）随 *EC*（$EC_{1:5}$）的增加而升高，二者间存在显著的线性关系。其拟合方程为：

$$TEC_{1:5}=10.16EC_{1:5}-2.71\ (r^2=0.99,\ p<0.001) \tag{3.10}$$

方程（3.10）中，常数项为负数，由 $EC_{1:5}$ 推算 $TEC_{1:5}$ 时可能出现负值。因此，将常数项调整为0，其方程为：

$$TEC_{1:5}=9.79EC_{1:5}\ (r^2=0.98,\ p<0.001) \tag{3.11}$$

方程（3.11）中，斜率9.79与10.00十分接近，简单起见，可将方程（3.11）写成：

$$TEC_{1:5}\approx 10.00EC_{1:5} \tag{3.12}$$

将20份土样1∶5浸提液的 *EC* 数据分别代入方程（3.10）、（3.11）和（3.12），其中式（3.10）的计算值中有负值出现。因此，将实测值分别与式（3.11）和式（3.12）求得的计算值进行比较。成对样本T检验表明，计算值与实测值间差异不显著（$p>0.05.$）。方程（3.11）计算值（y）与实测值（x）间的回归方程为：$y=1.06x+1.36$（$r^2=0.97$，$p<0.01$）（图3.9）；方程（3.12）计算值（y）与实测值（y）间的回归方程为：$y=1.03x+1.33$（$r^2=0.97$，$p<0.01$）（图3.10）。图3.9和图3.10中两回归方程的决定系数相同，斜率1.03小于斜率1.06，常数项1.33小于1.36。由此可见，式（3.12）的预测结果略好于式（3.11）。因此，实际工作中可以使用方程（3.12）来推算土壤的 $TEC_{1:5}$，即将土壤 $EC_{1:5}$ 直接乘以10，可得土壤 $TEC_{1:5}$。

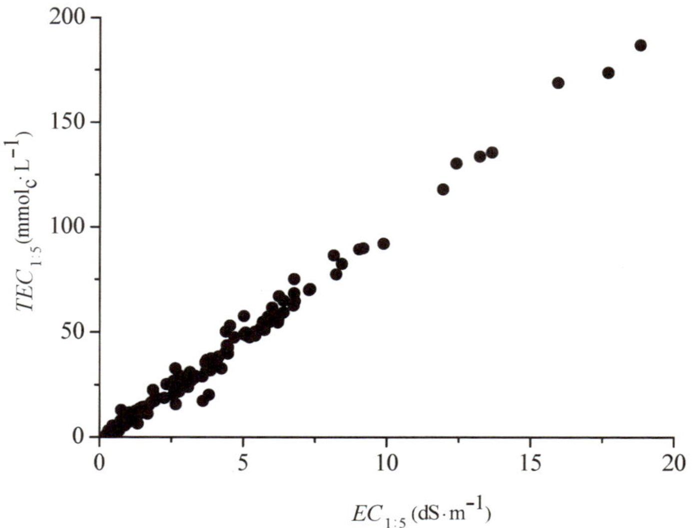

图 3.8　松嫩平原盐渍土 $TEC_{1:5}$ 与 $EC_{1:5}$ 的关系

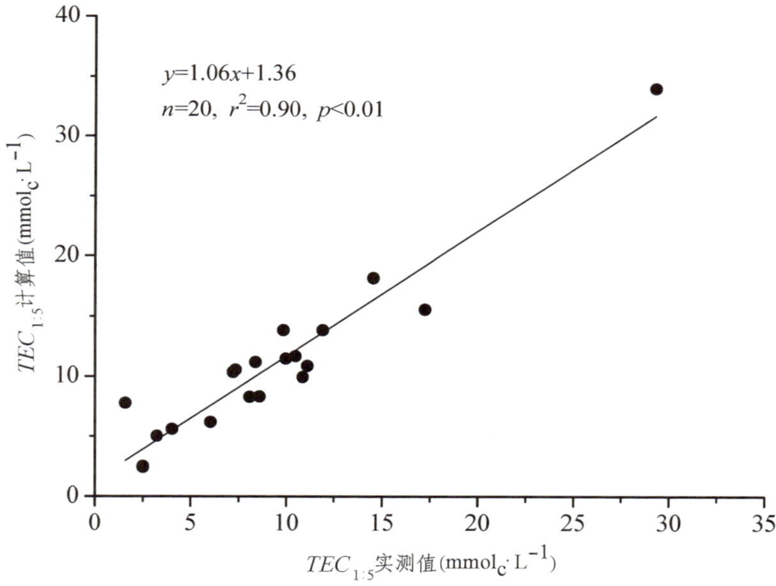

图 3.9　土壤 $TEC_{1:5}$ 计算值 $TEC_{1:5}=9.79EC_{1:5}$ 与实测值的关系

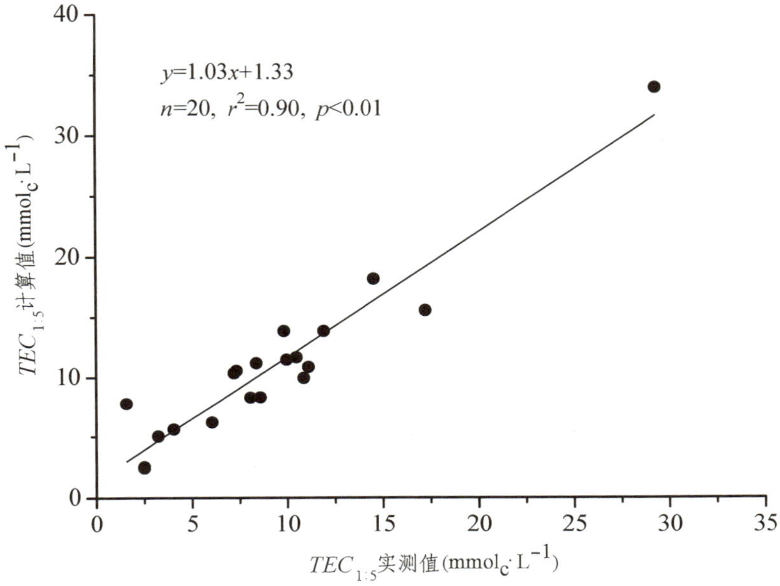

图 3.10　土壤 $TEC_{1:5}$ 计算值 $TEC_{1:5} \approx 10.00EC_{1:5}$ 与实测值的关系

(二)饱和浸提液与1:5浸提液间化学参数换算关系

1. 饱和与1:5浸提液间电导率关系方程及验证

苏打盐渍土饱和浸提液电导率（EC_e）与土水比1:5浸提液电导率（$EC_{1:5}$）相互关系如图 3.11 所示。由图可知，EC_e随 $EC_{1:5}$的升高而升高。

应用 SPSS12.0 对饱和浸提液和1:5浸提液的电导率进行线性回归分析，发现两者存在极显著关系。其拟合方程为：

$$EC_e = 11.68EC_{1:5} - 5.77 \quad (r^2 = 0.94,\ p < 0.001) \tag{3.13}$$

由于方程常数项为负数，当1:5浸提液的电导率小于 0.49 dS · m^{-1}时，由式（3.13）计算得到的 EC_e将为负值。因此，将常数项调整为零，则方程变为：

$$EC_e = 10.88EC_{1:5} \quad (r^2 = 0.93, \ p < 0.001) \tag{3.14}$$

简单起见，可记为饱和浸提液电导率 11 倍于1:5浸提液电导率，即

$$EC_e \approx 11.00EC_{1:5} \tag{3.15}$$

为了验证方程（3.13）、（3.14）、（3.15）的准确性，对另外 20 份独立样品的化学参数进行了测定计算，将其饱和浸提液电导率的实测值与根据方程（3.13）、（3.14）、（3.15）获得的计算值进行了比较分析。其中（3.13）的计算值中有负值出现，因此该方程的准确性较差，在实际工作中不建议使用该方程。将 EC_e 的实测值分别与方程（3.14）、（3.15）的计算值进行比较分析。成对样本 T 检验表明，实测值与两方程的计算值之间均不存在显著差异（$p > 0.05$），即，可以认为实测值与计算值来源于同一样本。

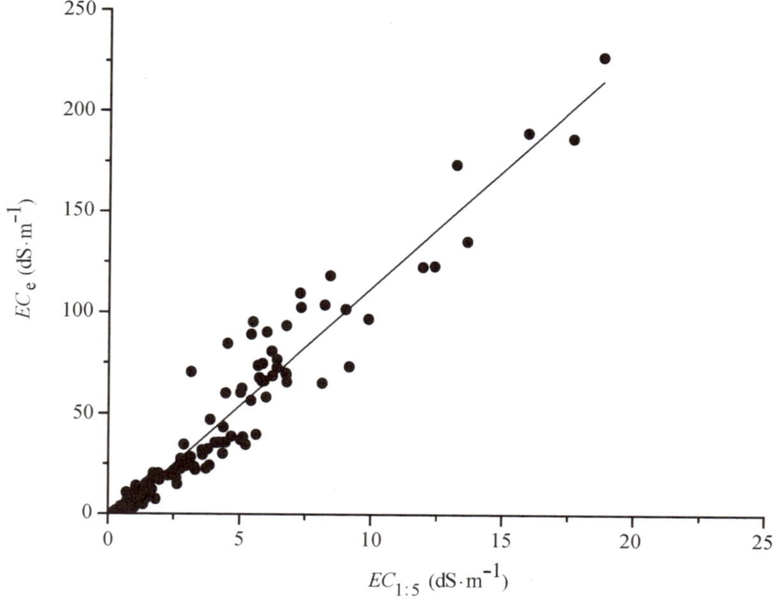

图 3.11　松嫩平原盐渍土 EC_e 与 $EC_{1:5}$ 的关系

将实测值分别与式（3.14）和式（3.15）的计算值进行回归分析。结果表明：方程（3.14）的计算值（y）与实测值（x）间存在极显著的线性递增关系，其方程为：$y = 1.12x + 0.33$（$r^2 = 0.95$，$p < 0.01$）（见图3.12）；方程（3.15）的（y）与实测值（x）间也存在极显著的线性递增关系，其方程为：$y = 1.13x + 0.33$（$r^2 = 0.95$，$p < 0.01$）（见图3.13）。

比较图3.12和图3.13，两回归方程的决定系数（r^2）同为0.95，斜率1.12与1.13几乎相等，常数项都为0.33。因此，方程（3.14）的预测效果与方程（3.15）的预测效果可以认为是相同的。因此，方程（3.14）和（3.15）都可以用于饱和浸提液与1∶5浸提液间电导率的换算。

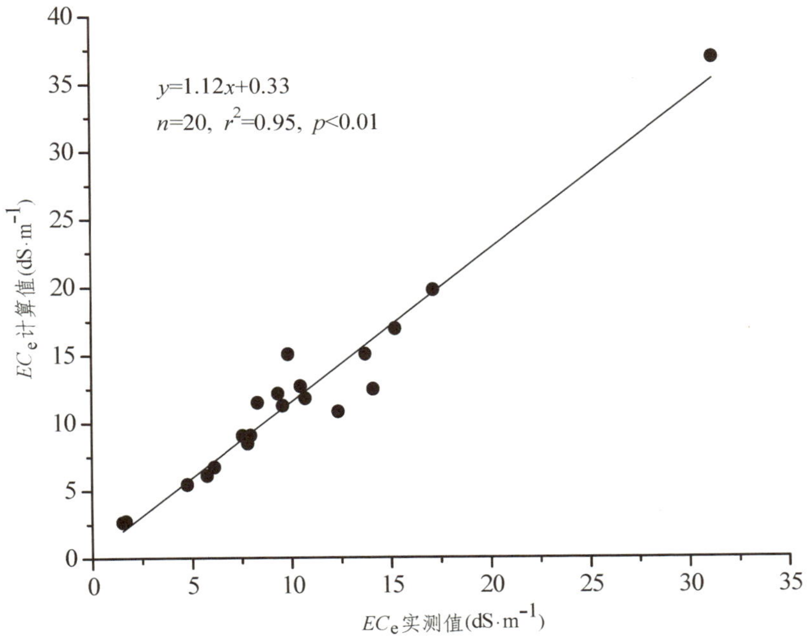

图3.12　土壤EC_e计算值（$EC_e = 10.88EC_{1:5}$）与实测值的关系

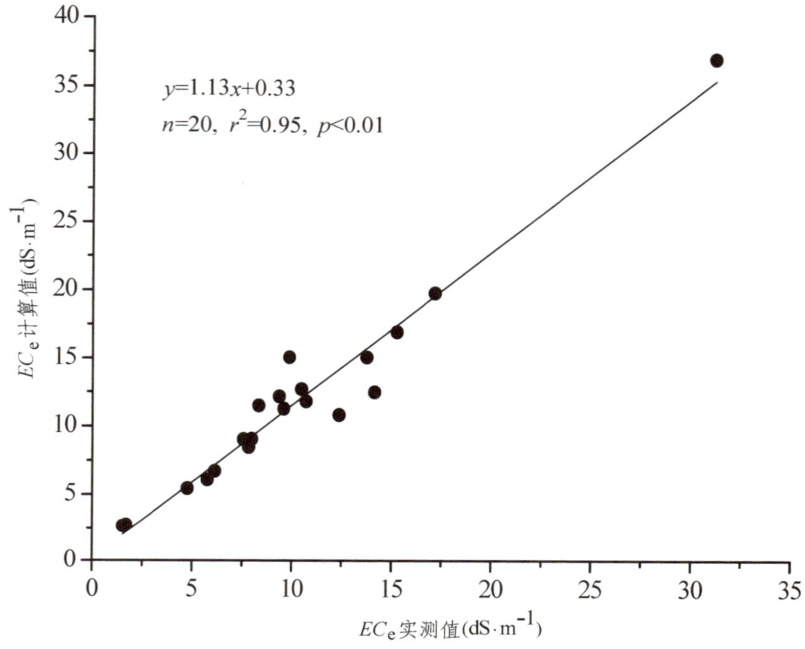

图 3.13 EC_e计算值（$EC_e \approx 11.00EC_{1:5}$）与实测值间关系

2. 饱和浸提液与1:5浸提液间钠吸附比关系方程及验证

由图 3.14 可知，饱和浸提液钠吸附比与土水比1:5浸提液钠吸附比间存在极显著线性递增关系，二者的拟合方程为：

$$SAR_e = 14.09SAR_{1:5} - 102.03 \quad (r^2 = 0.92,\ p < 0.001) \tag{3.16}$$

同样，由于公式（3.16）常数项为负数，当1:5浸提液的钠吸附比小于 7.24（$mmol_c \cdot L^{-1}$）$^{1/2}$时，计算得到的饱和浸提液钠吸附比将为负值。因此，将常数项调整为零，方程变为：

$$SAR_e = 13.19SAR_{1:5} \quad (r^2 = 0.91,\ p < 0.001) \tag{3.17}$$

在方程（3.17）中，斜率 13.19 与 13.00 十分接近，因此，简单起见，可以将方程（3.17）写成：

$$SAR_e \approx 13.00SAR_{1:5} \tag{3.18}$$

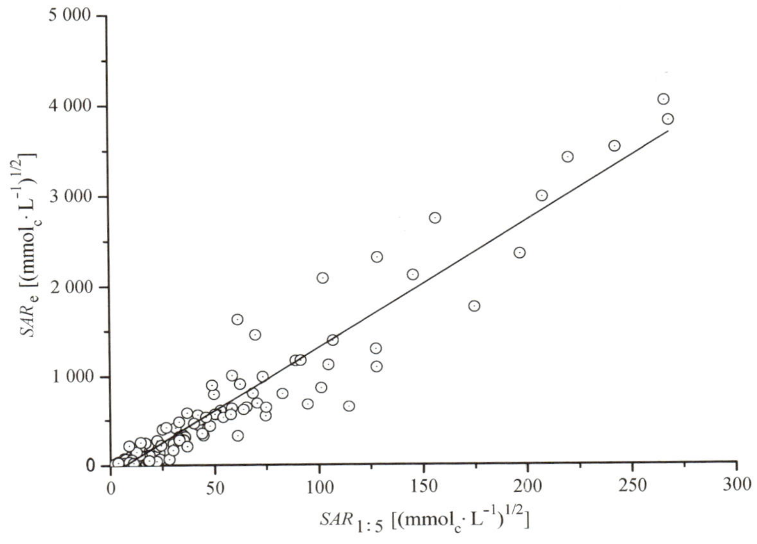

图 3.14 松嫩平原盐渍土 SAR_e和 $SAR_{1:5}$的关系

将 20 份独立土样的1:5浸提液钠吸附比测定值分别代入方程(3.16)、(3.17)、(3.18)，得到 SAR_e的计算值。将 SAR_e的实测值与这些计算值进行比较分析。其中（3.16）的计算值中有负值出现，因此该方程的准确性较差，在实际工作中不建议使用该方程。将 SAR_e的实测值分别与方程（3.17）、（3.18）的计算值进行比较分析。成对样本 T 检验表明，实测值与两方程的计算值之间均不存在显著差异（$p>0.05$），即可以认为实测值与计算值来源于同一样本。同样，回归分析发现：方程（3.17）的计算值与实测值间存在极显著的线性递增关系，其方程为：$y=1.07x+14.20$（$r^2=0.96$，$p<0.001$）（见图 3.15）；方程（3.18）的计算值与实测值间也存在极显著的线性递增关系，其方程为：$y=1.06x+14.00$（$r^2=0.96$，$p<0.001$）（见图 3.16）。由图 3.15 和 3.16 可知，两回归方程的决定系数（r^2）均为 0.96，但 1.06 和 14.00 分别略小于 1.07 和 14.20，因此，方程（3.18）的预测结果略好于方程（3.17）。因此，在实际工作中可以测定土壤土水比1:5浸提液 SAR 后，直接用方程（3.18），即 $SAR_e \approx 13.00SAR_{1:5}$来推算土壤饱和浸提液的 SAR。

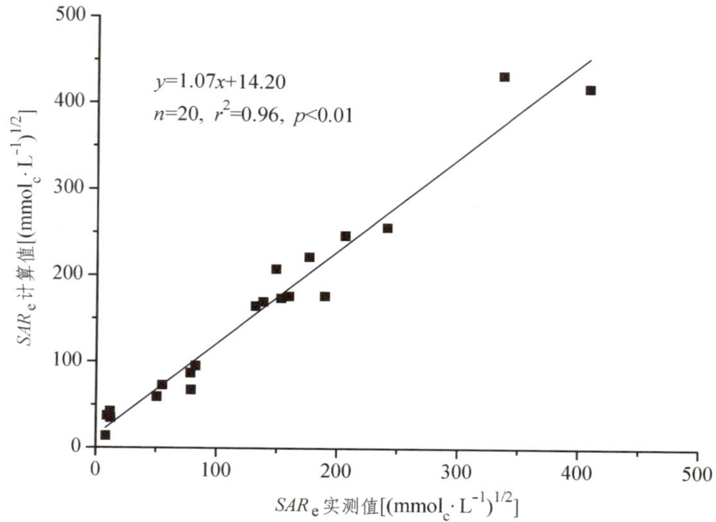

图 3.15　SAR_e计算值（$SAR_e=13.19SAR_{1:5}$）与实测值的关系

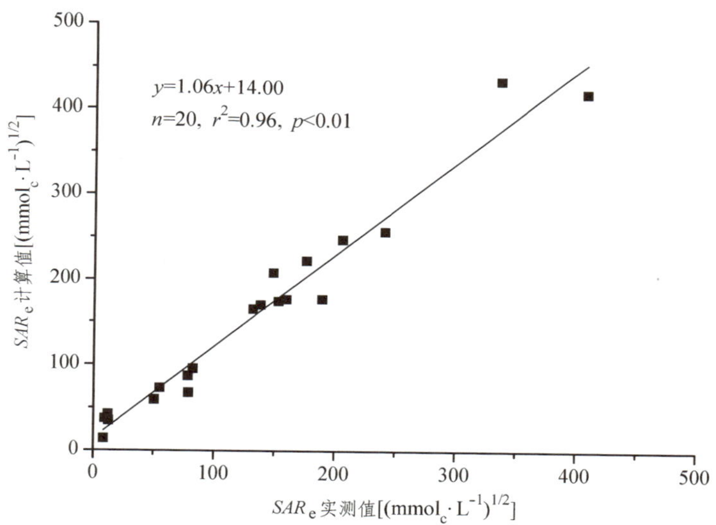

图 3.16　SAR_e计算值（$SAR_e\approx13.00SAR_{1:5}$）与实测值的关系

3. 饱和浸提液与1:5浸提液间阳离子浓度回归分析

饱和浸提液阳离子总浓度（TCC_e）和1:5浸提液阳离子总浓度（$TCC_{1:5}$）的关系如图 3.17 所示。由图 3.17 可知，TCC_e随 $TCC_{1:5}$的升高而升高。

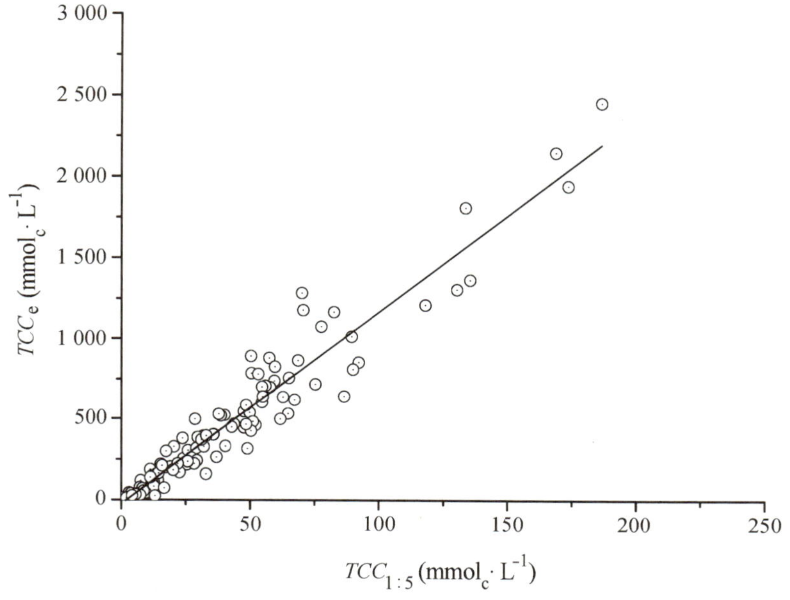

图 3.17　土壤 TCC_e 与 $TCC_{1:5}$ 的关系

根据散点图形状，TCC_e 与 $TCC_{1:5}$ 间可进行直线拟合，即

$$TCC_e = 11.67 TCC_{1:5} - 4.72 \quad (r^2 = 0.94,\ p < 0.001) \tag{3.19}$$

$$TCC_e = 11.02 TCC_{1:5} \quad (r^2 = 0.93,\ p < 0.001) \tag{3.20}$$

在方程（3.20）中，斜率 11.02 与 11.00 十分接近，因此，简单起见，可将方程（3.20）写成：

$$TCC_e \approx 11.00 TCC_{1:5} \tag{3.21}$$

将 20 份土样 1:5 浸提液的阳离子总浓度数据分别代入方程（3.19）、（3.20）和（3.21），其中式（3.19）的计算值中有负值出现。因此，将实测值分别与式（3.20）和式（3.21）求得的计算值进行比较。成对样本 T 检验表明，计算值与实测值间差异不显著（$p > 0.05$.）。方程（3.20）计算值（y）与实测值（x）间的回归方程为：$y = 0.97x + 17.00$（$r^2 = 0.97$，$p < 0.01$）（见图 3.18）；方程（3.21）计算值（y）与实测值（x）间的回归方程为：$y = 0.97x + 16.95$（$r^2 = 0.97$，$p < 0.01$）（见图 3.19）。由此可见，式（3.21）

的预测结果略好于式（3.20）。所以，实际工作中可以应用式（3.21）来推算土壤的 TCC_e。

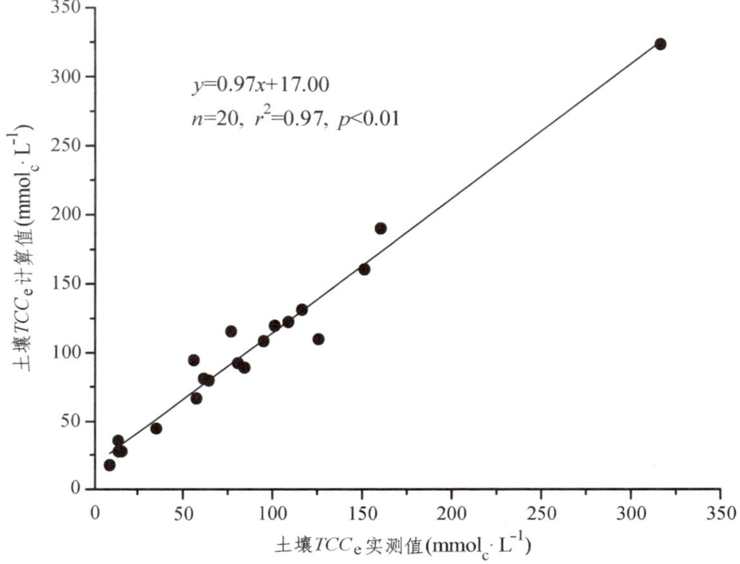

图 3.18　土壤 TCC_e 计算值（$TCC_e = 11.02TCC_{1:5}$）与实测值的关系

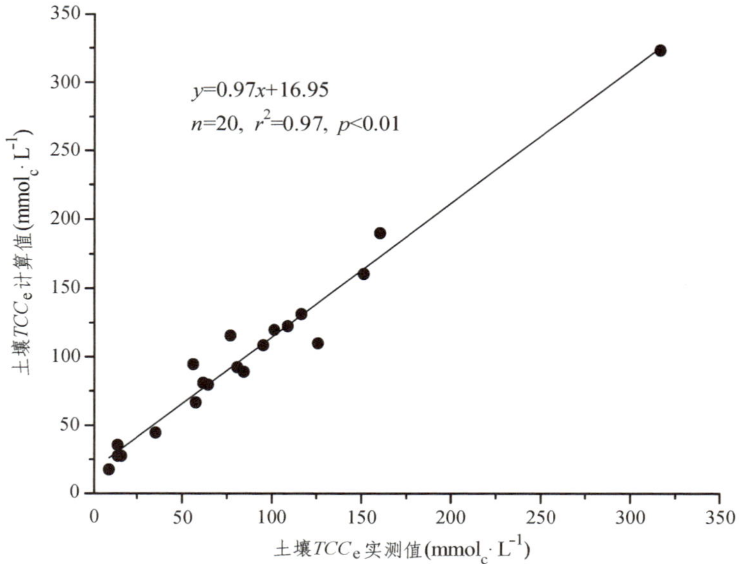

图 3.19　土壤 TCC_e 计算值（$TCC_e \approx 11.00TCC_{1:5}$）与实测值的关系

饱和浸提液 Na^+ 离子浓度（y）和1∶5浸提液的 Na^+ 浓度（x）间存在极显著的线性递增关系（见图3.20），其拟合的直线回归方程为：

$$y = 11.91x - 13.10\ (r^2 = 0.94,\ p < 0.001) \tag{3.22}$$

$$y = 11.73x \quad (r^2 = 0.93,\ p < 0.001) \tag{3.23}$$

在方程（3.23）中，斜率11.73与12.00十分接近，因此，简单起见，可将方程（3.23）写成：

$$y \approx 12.00x \tag{3.24}$$

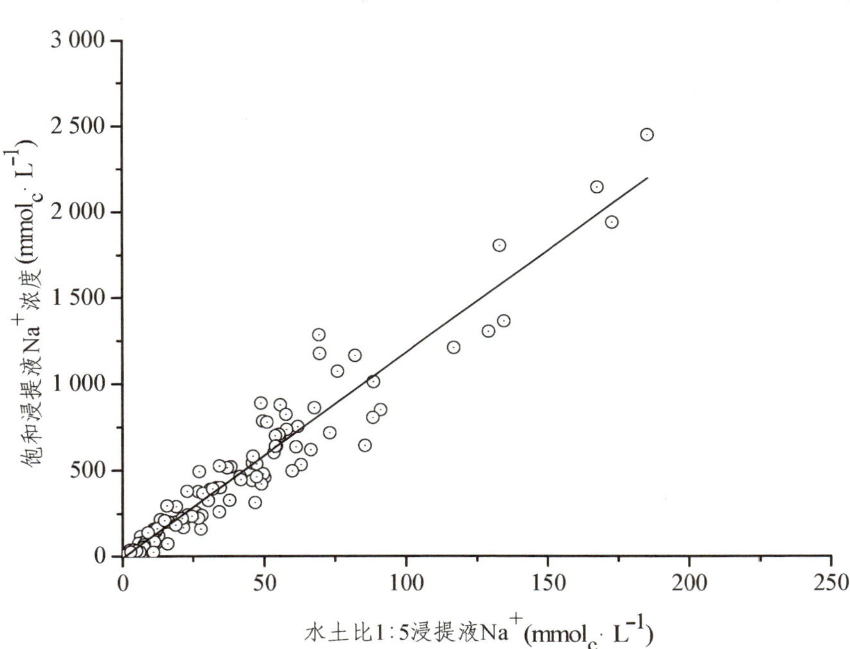

图3.20 饱和浸提液 Na^+ 浓度与1∶5浸提液 Na^+ 浓度的关系

将20份土样1∶5浸提液的 Na^+ 浓度数据分别代入方程（3.22）、（3.23）和（3.24），其中式（3.22）的计算值中有负值出现。因此，将实测值分别与式（3.23）和式（3.24）求得的计算值进行比较。

成对样本 T 检验表明，计算值与实测值间差异不显著（$p>0.05$）。方程（3.23）计算值（y）与实测值（x）间的回归方程为：$y=x+8.13$（$r^2=0.97$，$p<0.01$）（见图 3.21）；方程（3.24）计算值（y）与实测值（x）间的回归方程为：$y=1.03x+8.32$（$r^2=0.97$，$p<0.01$）（见图 3.22）。由此可见，式（3.23）的预测结果略好于式（3.24）。同时，尽管式（3.24）的计算值较式（3.23）的计算值略大，但二者十分接近，所以实际工作中可以应用方程（3.24）代替方程（3.23），用于土壤饱和浸提液 Na^+ 浓度的推算。

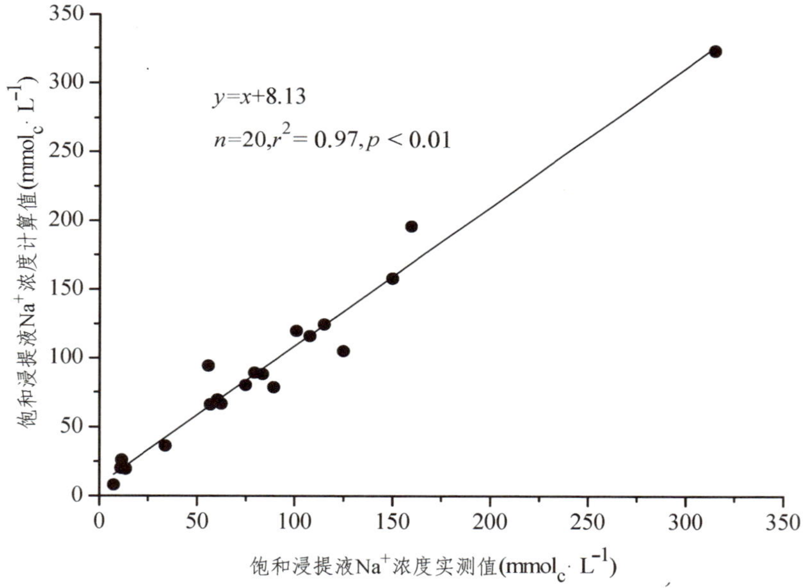

图 3.21　土壤饱和浸提液 Na^+ 浓度计算值（$y=11.73x$）与实测值的关系

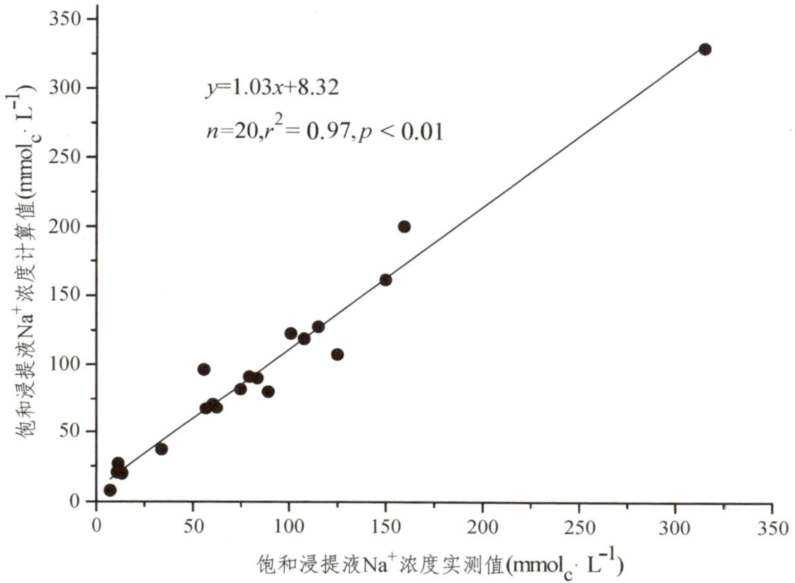

图 3.22　土壤饱和浸提液 Na^+ 浓度计算值 $y \approx 12.00x$ 与实测值的关系

苏打盐渍土饱和浸提液 K^+、Ca^{2+}、Mg^{2+}浓度与土水比1∶5浸提液的 K^+、Ca^{2+}、Mg^{2+}浓度之间的关系分别见图 3.23、图 3.24 和图 3.25。通过散点图发现，饱和浸提液 K^+、Ca^{2+}、Mg^{2+}浓度和土水比1∶5浸提液的 K^+、Ca^{2+}、Mg^{2+}浓度间不存在相关关系。因此，无法通过测定土壤1∶5浸提液的 K^+、Ca^{2+}、Mg^{2+}浓度来推算饱和浸提液的 K^+、Ca^{2+}、Mg^{2+}浓度。这与其他人的研究结果不同（Ozcan et al.，2006；Sonmez et al.，2008）。Ozcan 等（2006）的研究结果表明，土壤饱和浸提液 Ca^{2+} + Mg^{2+}总浓度与土水比1∶5浸提液 Ca^{2+} + Mg^{2+}总浓度间存在良好的线性关系，可以通过后者来推算前者；Sonmez等（2008）建立了由土水比1∶5浸提液 Ca^{2+}浓度和 Mg^{2+}浓度分别推算饱和浸提液 Ca^{2+}浓度和 Mg^{2+}浓度的经验方程。

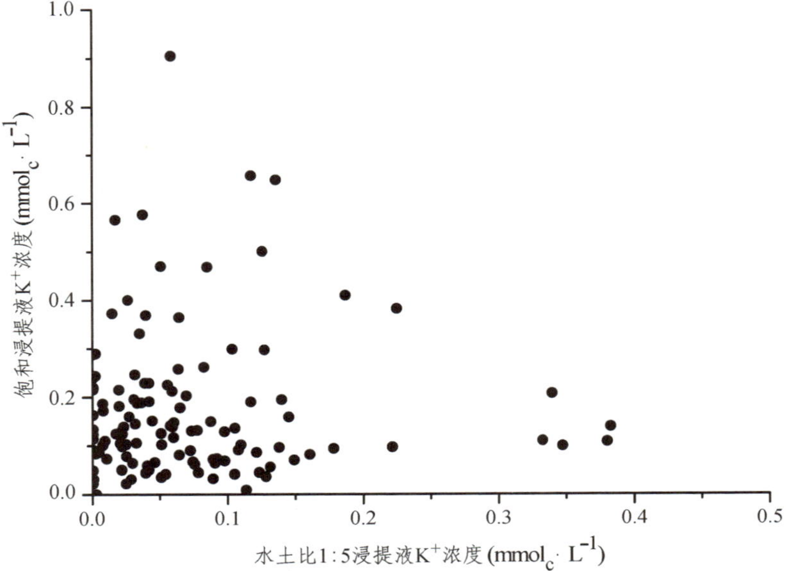

图 3.23　饱和浸提液 K^+ 浓度与土水比1∶5浸提液 K^+ 浓度的关系

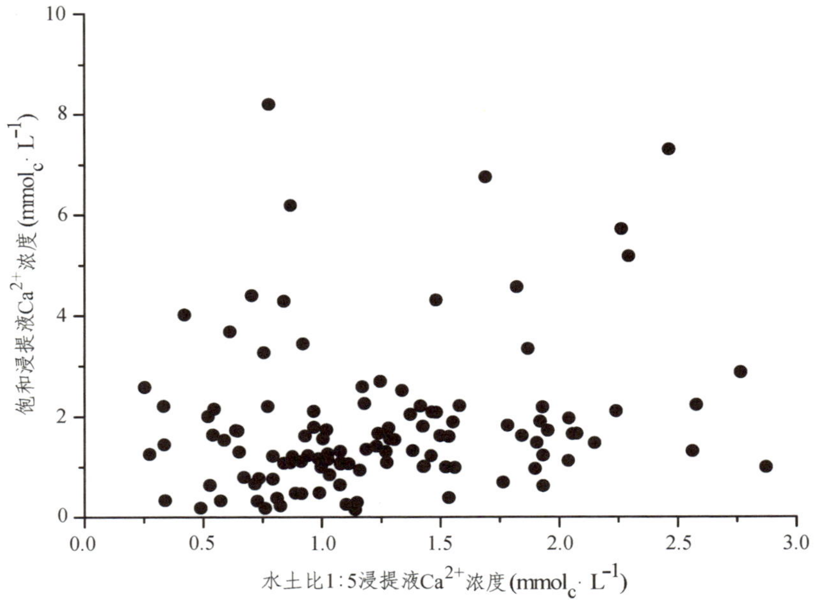

图 3.24　饱和浸提液 Ca^{2+} 浓度与土水比1∶5浸提液 Ca^{2+} 浓度的关系

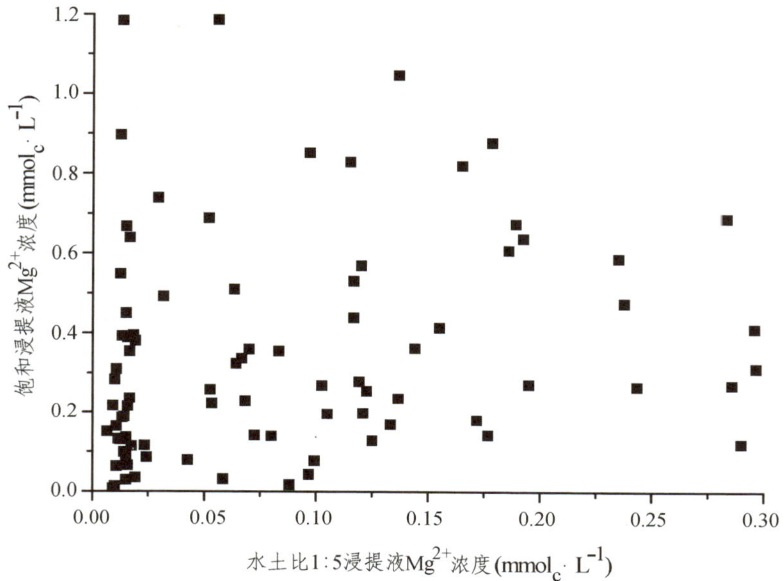

图 3.25　饱和浸提液 Mg^{2+} 浓度与土水比1:5浸提液 Mg^{2+} 浓度的关系

Ozcan 等和 Sonmez 等的研究均采用 NaCl 型盐渍土，因此，土水比1:5浸提液离子浓度与饱和浸提液离子浓度的差异主要是由稀释作用引起的。而对本研究的苏打盐渍土而言，除稀释作用外，还存在 $CaCO_3$ 和 $MgCO_3$ 的溶解问题。这是本研究结果与 Ozcan 等和 Sonmez 等研究结果不相一致的主要原因。

4. 饱和浸提液 pH 与1:5浸提液 pH 的关系

土壤饱和浸提液 pH（pH_s）与土水比1:5浸提液 pH（$pH_{1:5}$）的相互关系如图 3.26 所示。pH_s（y）随 $pH_{1:5}$（x）的升高而升高，二者呈线性递增关系，其拟合方程为：

$$pH_s = 0.86pH_{1:5} + 1.63 \quad (r^2 = 0.86,\ p < 0.001) \qquad (3.25)$$

由于 $7.02 < pH_{1:5} < 10.80$，故 121 份土样 pH_s 的计算值变化范围为 7.53 ~ 10.70，这与 pH_s 实测值的变化幅度 7.30 ~ 10.79 十分接近。

这说明该方程的预测准确性较高。

进一步分析发现，$pH_{1:5}$的测定值和pH_s的测定值十分接近。将121份土壤样品$pH_{1:5}$的测定值和pH_s的测定值进行成对样本T检验，其相伴概率为0.61。因此，在统计学意义上可以将$pH_{1:5}$的测定值与pH_s的测定值看作是同一样本，即$pH_{1:5}$的测定值与pH_s的测定值间无显著性差异（$p>0.05$）。所以，在实际工作中可以用$pH_{1:5}$代替pH_s来表示土壤酸碱度。

松嫩平原苏打盐渍土的土壤盐分以$NaHCO_3$和Na_2CO_3为主，土壤浸提液的缓冲性很强，以致于土壤浸提液水分状况发生很大变化时其pH变化不大，因此，$pH_{1:5}$的测定值与pH_s的测定值相差很小。

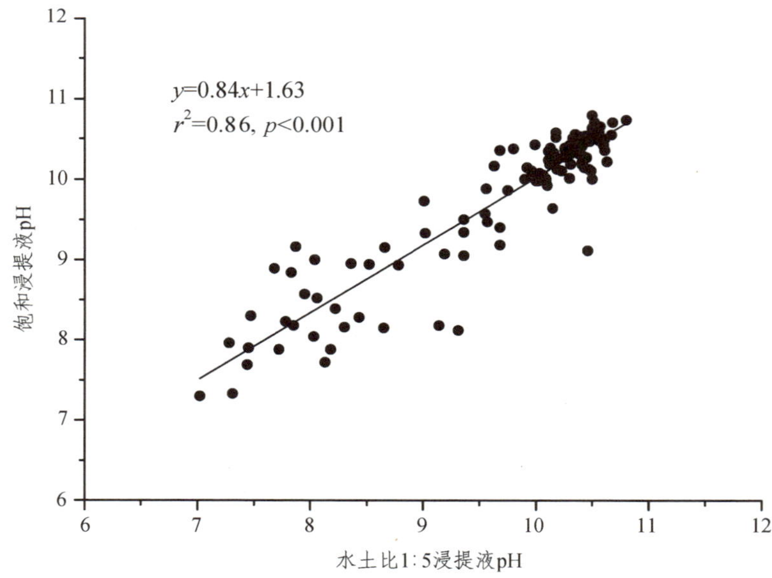

图3.26 饱和浸提液pH与1:5浸提液pH的关系

(三)土壤碱化度（*ESP*）与*SAR*的换算关系

1. 土壤*ESP*与SAR_e的换算关系方程与验证

由图3.27可见，松嫩平原苏打盐渍土*ESP*随SAR_e的增加而升高，二者间存在显著的线性关系。其拟合方程为：

$$ESP = 10.72\ln(SAR_e) - 15.36 \quad (r^2 = 0.88,\ p < 0.001) \qquad (3.26)$$

将 20 份土样的 SAR_e 代入方程（3.26），得到 *ESP* 的计算值。将计算值与实测值进行比较。成对样本 T 检验表明，实测值与计算值之间无显著差异（$p > 0.05$），即可以认为实测值与计算值来源于同一样本。尽管如此，但是方程（3.26）中的常数项为 -15.36，当 $SAR_e <$ 4.19 时，*ESP* 的推算结果为负数。因此，方程（3.26）仍然存在一定的局限性。

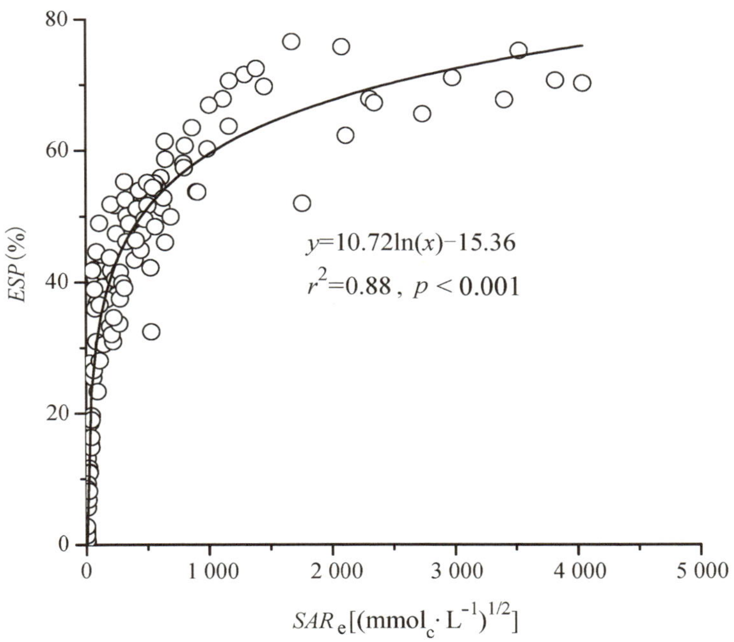

图 3.27 松嫩平原盐渍土 *ESP* 与 SAR_e 的关系

2. 土壤 *ESP* 与 $SAR_{1:5}$ 的换算关系方程与验证

供试土样的 *ESP* 与 $SAR_{1:5}$ 的关系如图 3.28 所示，二者间呈现良好对数关系，其回归方程为：

$$ESP = 11.44\ln(SAR_{1:5}) + 5.48 \quad (r^2 = 0.76;\ p < 0.001) \qquad (3.27)$$

将20份土样的 $SAR_{1:5}$ 代入方程（3.27），得到 *ESP* 的计算值。将计算值与实测值进行比较。成对样本T检验表明，实测值与计算值之间无显著性差异（$p > 0.05$），即可以认为实测值与计算值来源于同一样本。这说明，可以使用式（3.27）进行 *ESP* 的推算。

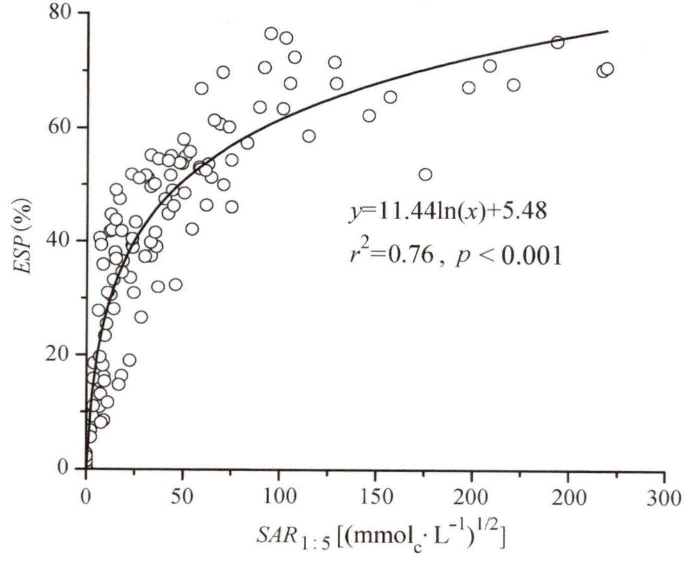

图3.28　土壤 *ESP* 与 $SAR_{1:5}$ 的关系

三、结论与讨论

本研究中，饱和浸提液与土水比1:5浸提液的 *TEC* 均约为其 *EC* 的10倍。这与国内外其他研究结果相一致（USDA，1954；McNeal，1970；Rengasamy，1984；石元春等，1986）。本研究结果表明：在松嫩平原苏打盐渍土地区，可以采用土壤浸提液 *EC* 判断土壤盐害程度，

国际上通用的以 EC_e 作为判断指标的土壤盐害分级标准及盐渍土分类系统可以在松嫩平原苏打盐渍土上直接应用。

松嫩平原盐渍土饱和浸提液与土水比1∶5浸提液的电导率、Na^+ 浓度间存在极显著线性关系，应用本研究建立的经验方程，可以由土水比1∶5浸提液的测定值估算饱和浸提液的相应数值。同时，作为土壤钠质化（碱化）的重要指标，钠吸附比在两种浸提液间也存在极显著相关关系，饱和浸提液的钠吸附比也可以用土水比1∶5浸提液的钠吸附比进行估算。此结论以往未见报道。事实上，本研究中饱和浸提液 Ca^{2+}、Mg^{2+} 浓度与土水比1∶5浸提液 Ca^{2+}、Mg^{2+} 浓度间不存在相关性，因此无法先推求饱和浸提液 Ca^{2+}、Mg^{2+} 浓度，然后再计算求得饱和浸提液的钠吸附比。虽然土壤饱和浸提液和1∶5浸提液测定结果的差异是由土水比例不同引起的，但两种方法所得参数的比值并非简单的土水比值，饱和浸提液和1∶5浸提液化学参数相关关系还受土壤质地、盐分种类及溶解性等因素影响。

松嫩平原苏打盐渍土的 *ESP* 与 *SAR* 间呈现对数增长关系。但使用饱和浸提液 *SAR* 推算 *ESP* 时可能会出现负值，而且土壤饱和浸提液的制备过程比1∶5浸提液的制备过程更加繁琐，因此，在实际工作中应使用 $SAR_{1:5}$ 来推算土壤 *ESP*。

松嫩平原盐渍化土壤分布广泛，土壤质地和盐渍化程度空间差异显著。本文实验所用土壤为黏土，所得经验方程在壤质和砂质盐渍土上应用将存在一定误差。在今后的研究中，有必要进一步扩大土壤样品采集范围，增加土壤类型，建立不同质地、不同盐渍化程度的土壤饱和浸提液和1∶5浸提液化学参数换算的经验方程以及 *SAR* 推算 *ESP* 的经验公式。

第四节 苏打盐渍土物理性质与化学性质的关系

盐渍土的物理性质与化学性质密切相关。研究表明，盐渍土的物理性质恶化是由其化学性质恶化引起的。土壤中的 Na^+ 具有促进黏粒分散的作用，盐分浓度（*TEC*）具有促进黏粒絮凝的作用。土壤中 Na^+ 含量可以用钠吸附比（*SAR*）或碱化度（*ESP*）表示。研究均发现（Quirk & Schofield，1955；Rengasamy et al.，1984），土壤黏粒分散程度与 *SAR/TEC* 成显著的正相关关系。因此，*SAR/TEC* 可以作为土壤物理性质受化学性质影响程度的判断指标（Quirk & Schofield，1955；Quirk，1984；Quirk，1994；Quirk，2001；Rengasamy et al.，1984；Warrence et al.，2003）。松嫩平原苏打盐渍土的 *SAR*、*TEC* 和黏粒分散系数均很高。因此，研究该区盐渍土黏粒分散系数与 *SAR/TEC* 的关系，对于阐明该区盐渍土物理性质与化学性质的相关性具有重要意义。

一、材料与方法

使用第二节中第一批土壤，根据测定的土水比1∶5浸提液 *SAR* 和 *TEC* 数值，选取不同 *SAR/TEC* 数值的土壤 40 份，测定土壤的黏粒分散系数。

二、结果与分析

供试土样黏粒分散系数与 *SAR/TEC* 间的相互关系情况如图 3.29 所示。由图可知，苏打盐渍土黏粒分散系数随 *SAR/TEC* 数值的增加而增大。

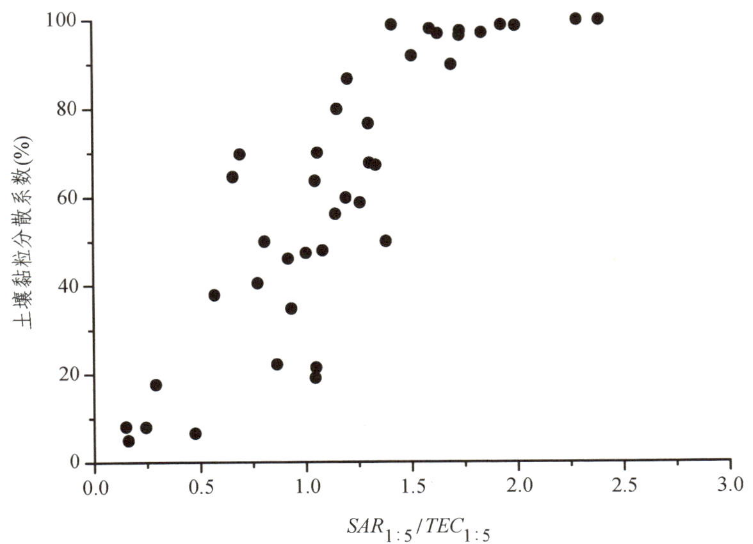

图 3.29 苏打盐渍土土壤盐渍化程度与黏粒分散系数的影响

三、结论与讨论

苏打盐渍土黏粒分散程度随 *SAR/TEC* 的增加而增加，而且，当 *SAR/TEC* 达到一定阈值后，黏粒几乎完全分散。这表明，在土壤盐度不变的情况下，苏打盐渍土的物理性质随土壤钠质化程度的不断增加而逐渐恶化，在土壤钠质化程度不变的情况下，苏打盐渍土的物理性质随土壤盐度不断增加而逐渐改善。因此，苏打盐渍土的物理性质与化学性质密切相关，可以认为，土壤物理性质恶化是由土壤化学性质恶化引起的。

本章小结

本章对松嫩平原苏打盐渍土的理化性质进行了分析。研究结果表明：苏打盐渍土的物理性质十分恶劣，土壤黏粒分散系数高达95%以上，水稳性大团聚体含量为0%，土壤通透性极差，供试土壤饱和导水率变化范围在0.02～0.22 mm·d^{-1}。

松嫩平原盐渍土的盐分组成以$NaHCO_3$和Na_2CO_3为主，土壤中Na^+含量占可溶性阳离子总量的比例在70%以上，HCO_3^-和CO_3^{2-}含量占可溶性阴离子总量的比例在80%以上。该区苏打盐渍土的碱化度（*ESP*）很高，多在30%以上，最高可达90%及以上，土壤钠质化（碱化）程度很高。

土壤饱和浸提液的电导率（EC_e）和钠吸附比（SAR_e）的数值显著高于土水比1∶5浸提液的（$EC_{1:5}$）和钠吸附比（$SAR_{1:5}$）的数值，因此，如果采用$EC_{1:5}$和$SAR_{1:5}$表示土壤的盐渍化程度会明显低估松嫩平原苏打盐渍土的盐渍化危害。

无论是土壤饱和浸提液还是土水比1∶5浸提液，其盐分总浓度（*TEC*）与电导率（*EC*）的经验方程均为：$TEC \approx 10EC$，这与国内外其他研究结果相一致。该研究结果表明，可以将EC_e作为松嫩平原苏打盐渍土盐害程度的判断指标，国际上通用的盐土与非盐土划分阈值$EC_e = 4$ dS·m^{-1}，以及以EC_e为判断指标的土壤盐害分级标准均可以在松嫩平原苏打盐渍土上应用。

土壤饱和浸提液 pH（pH_s）、EC_e和 SAR_e的研究结果表明，松嫩平原苏打盐渍土的盐渍化程度很高，而且，pH_s、EC_e和 SAR_e变化幅度很大，说明土壤的盐渍化程度空间差异很大。

建立了松嫩平原苏打盐渍土由土水比1∶5浸提液化学参数推算饱和浸提液化学参数的经验公式。将1∶5浸提液 *EC*、*SAR*、*TCC*、Na^+浓度转换为饱和浸提液 *EC*、*SAR*、*TCC*、Na^+浓度的换算系数分别为：11.00、13.00、11.00、12.00；土水比1∶5浸提液 K^+、Ca^{2+}、Mg^{2+}浓度无法换算成饱和浸提液的 K^+、Ca^{2+}、Mg^{2+}浓度；1∶5浸提液的 pH（$pH_{1:5}$）与饱和浸提液的 pH 相差很小，在实际工作中可以用 $pH_{1:5}$代替 pH_s来表示土壤酸碱度。

建立了松嫩平原苏打盐渍土 *ESP* 与 *SAR* 的经验公式。该区苏打盐渍土 *ESP* 与 SAR_e的经验方程为：$ESP = 10.72 \times \ln(SAR_e) - 15.36$；*ESP* 与 $SAR_{1:5}$的经验方程为：$ESP = 11.44 \times \ln(SAR_{1:5}) + 5.48$。方程 $ESP = 10.72 \times \ln(SAR_e) - 15.36$ 的计算结果可能出现负值，而且土壤过饱和浸提液的制备过程十分繁琐，因此，在实践中建议使用 $SAR_{1:5}$推算该区苏打盐渍土的 *ESP*。

土壤黏粒分散度随 *SAR/TEC* 的增加而增大，当 *SAR/TEC* 达到一定阈值后，黏粒几乎完全分散。这说明苏打盐渍土的物理性质与化学性质密切相关，可以说，土壤物理性质恶化是由土壤化学性质恶化引起的。

第四章　松嫩平原苏打盐渍土逆境胁迫的胁迫因子与胁迫机制

第一节　土壤逆境胁迫的概念、要素与类型

一、土壤逆境胁迫的概念

土壤逆境胁迫是指土壤环境对植物生长发育产生的不利影响。

二、土壤逆境胁迫的构成要素

土壤逆境胁迫的构成要素包括两方面：胁迫因子与胁迫机制。胁迫因子是指阻碍植物生长发育的土壤环境因素，胁迫机制是指土壤逆境阻碍植物生长发育的作用机制。

胁迫因子与胁迫机制之间因果关系，即胁迫因子是产生胁迫机制的原因，胁迫机制是由胁迫因子产生的结果。但是，二者又并非简单的一一对应关系，而是复杂的多重对应关系，即一个胁迫因子可能产生多种胁迫机制，同时，一种胁迫机制也可能来源于多个胁迫因子。

三、土壤逆境胁迫的类型

（一）按胁迫因子划分

土壤逆境胁迫按胁迫因子划分可分为化学性逆境胁迫和物理性逆境胁迫。化学性逆境胁迫是指由于土壤化学性质恶化而引起的逆境胁迫；物理性逆境胁迫是指由于土壤物理性质恶化而引起的逆境胁迫，而土壤物理性质恶化的直观表现是土壤结构性差，因此，物理性逆境胁迫又可以称作结构性逆境胁迫。

（二）按胁迫机制划分

土壤逆境胁迫按胁迫机制划分可分为直接性逆境胁迫和间接性逆境胁迫。直接性逆境胁迫是指通过直接作用阻碍植物生长发育的逆境胁迫，如土壤盐分浓度过高而引起的植物吸水困难，即渗透性胁迫；间接性逆境胁迫是指通过间接作用阻碍植物生长发育的逆境胁迫，如根系吸水困难而间接导致的养分吸收困难。

第二节 苏打盐渍土的化学性逆境胁迫

一、高盐分浓度引起的渗透胁迫

渗透胁迫是松嫩平原苏打盐渍土逆境胁迫阻碍植物生长发育的首要胁迫机制。盐渍土渗透胁迫的强度可以通过土壤电导率的大小进行直观判断。

在盐渍土环境中，渗透胁迫是指土壤溶液中的可溶性盐浓度过高，导致溶液渗透压增大，水分生理有效性降低，植物生长受到抑制，引起植物萎蔫或枯死。

溶液渗透势由溶液盐分总浓度（*TEC*）决定，而 *TEC* 可以用电导率（*EC*）间接表示。松嫩平原苏打盐渍土土壤浸提液 *TEC* 与 *EC* 间的线性关系为（详见第三章）：

$$TEC \approx 10 \times EC \tag{4.1}$$

式中 *TEC*——土壤浸提液盐分总浓度（$mmol_c \cdot L^{-1}$）；

EC_e——土壤浸提液电导率（$dS \cdot m^{-1}$）。

由于溶液 *EC* 可以间接表示其 *TEC*，因此，土壤溶液 *EC*(EC_s)可以间接表示土壤溶液的 *TEC*，即 EC_s 可以作为土壤溶液渗透胁迫的表征指标。土壤溶液渗透势（ψ_s）与 EC_s 的换算关系为（Tanji，1990；USDA，1954）：

$$\psi_s \approx -0.04 \times EC_s \tag{4.2}$$

式中 ψ_s——土壤溶液渗透势（MPa）；

EC_s——土壤溶液电导率（$dS \cdot m^{-1}$）。

式（4.2）中，0.04 为25℃时土壤溶液渗透势与电导率的转换系数，而常见的0.036 为二者在0℃时的转换系数（Tanji，1990）。

由方程（4.2）可知，EC_s 是反映土壤盐害程度的最佳指标（Rhoades et al.，1989）。但田间状态的土壤溶液一般不易获得。而土壤饱和含水量近似等于田间土壤水分含量的2 倍，与田间土壤实际水分状况最为接近（USDA，1954）。EC_s 与土壤饱和浸提液电导率（EC_e）的换算关系为（Ayers & Westcot，1985）：

$$EC_s \approx 2EC_e \tag{4.3}$$

将方程（4.3）代入（4.2）得：

$$\psi_s \approx -0.08 \times EC_e \tag{4.4}$$

式中　ψ_s——土壤溶液渗透势（MPa）；

EC_e——土壤饱和浸提液电导率（$dS \cdot m^{-1}$）。

国际上通常采用EC_e做为判断土壤盐害（渗透胁迫）的指标。美国盐土实验室（USDA，1954）将土壤盐害分为轻度、中度、重度和极度4个等级，各级别对应的土壤EC_e数值和作物产量状况见表4.1。

表4.1　土壤盐害分级与作物产量关系（USDA，1954）

土壤盐害分级	饱和浸提液电导率（$dS \cdot m^{-1}$）	作物产量
无盐害	0 ~ 2	正常
轻度盐害	2 ~ 4	盐极敏感型作物产量受抑制
中度盐害	4 ~ 8	大多数作物产量受抑制
重度盐害	8 ~ 16	仅耐盐型作物产量正常
极度盐害	> 16	少数极耐盐型作物产量正常

由表4.1可知，当土壤EC_e超过4 $dS \cdot m^{-1}$后，大多数作物产量受到抑制，即渗透势胁迫阻碍作物生长发育。对第三章第二节中第一批土样的分析表明，在121份松嫩平原苏打盐渍土样品中，土壤$EC_e > 4$ $dS \cdot m^{-1}$的样品数量达到了105份，占样品总量的86.88%，土壤$EC_e > 16$ $dS \cdot m^{-1}$的样品数量达到了81份，占样品总量的66.94%。这说明松嫩平原绝大部分的苏打盐渍土均存在渗透势胁迫。

表4.1给出的是一般性的土壤盐害分级，从土壤角度出发，$EC_e > 4$ $dS \cdot m^{-1}$可以作为普遍标准判断土壤是否具有渗透势胁迫。然而，不同作物的耐盐能力不同，针对某一具体作物而言，应用表4.1判断土壤是否对作物产生盐害过于宽泛。因此，从作物角度出发，应该采用Mass-Hoffman方程（Maas，Hoffman，1977）判断土壤盐害情况：

$$Y_r = 100 - b \times (EC_e - EC_t) \tag{4.5}$$

式中 Y_r——相对产量（%）；

b——斜率，即盐度（EC_e）增加一个单位所对应的相对产量减少量；

EC_e——土壤饱和浸提液电导率（$dS \cdot m^{-1}$）；

EC_t——作物开始减产时的临界电导率（$dS \cdot m^{-1}$）。

玉米、水稻、高粱和大豆4种作物开始减产的临界EC_e值见表4.2。由表可知，当土壤EC_e分别达到10 $dS \cdot m^{-1}$和11 $dS \cdot m^{-1}$后，玉米和水稻的相对产量均为0%。第三章第二节中第一批土样的EC_e数据分析结果表明，在121份松嫩平原苏打盐渍土样品中，土壤EC_e > 10 $dS \cdot m^{-1}$的样品数量达到了93份，占样品总量的76.86%。这说明，由于受到严重的渗透势胁迫，在松嫩平原绝大部分的苏打盐渍土上进行种值，玉米和水稻无法获得经济产量。

表4.2　土壤盐度（EC_e）对作物产量的影响（Ayers & Westcot，1985）

作物	EC_e（$dS \cdot m^{-1}$）				
	100%产量	90%产量	75%产量	50%产量	0%产量
玉米（Zea mays）	1.7	2.5	3.8	5.9	10
水稻（Oriza sativa）	3.0	3.8	5.1	7.2	11
高粱（Sorghum bicolor）	6.8	7.4	8.4	9.9	13
大豆（Glycine max）	5.0	5.5	6.3	7.5	10

土壤盐害阻碍作物生长发育的根本原因是由土壤溶液浓度决定的渗透势胁迫而非土壤含盐量。这是因为，在土壤溶液浓度相同时，土壤水的渗透势相同，但是不同盐分的摩尔质量分数不同，因此，土壤溶液渗透势相同时，土壤含盐量可能并不相同。因此，使用土壤含盐量判断土壤是否发生盐害可能存在一定的误差。

土壤含盐量可由土壤浸提液电导率进行推算。土壤浸提液可溶性盐总量与电导率的关系式为（USDA，1954）：

$$TSS = 640 \times EC \times V \tag{4.6}$$

式中 TSS——土壤浸提液可溶性盐含量（mg）；

EC——土壤浸提液电导率（$dS \cdot m^{-1}$）；

V——土壤浸提液体积（L）。

若由土水比1∶5浸提液电导率推算土壤含盐量，由于水的密度为 $1\ kg \cdot L^{-1}$，因此将 $V=5$ 代入方程乘以即可得到土壤含盐量，即

$$y = 0.32 \times EC_{1:5} \tag{4.7}$$

式中 y——土壤含盐量（%）；

$EC_{1:5}$——土水比1∶5浸提液电导率（$dS \cdot m^{-1}$）。

松嫩平原苏打盐渍土 EC_e 约为 $EC_{1:5}$ 的10.88倍，将其代入方程（4.7）即可得到松嫩平原苏打盐渍土含盐量（y）与 EC_e 的关系：

$$y \approx 0.03 \times EC_e \tag{4.8}$$

将表4.1中 EC_e 的数据代入方程（4.8）可知，松嫩平原苏打盐渍土含盐量仅需达到0.12%即可对大多数作物产生盐害，含盐量达到0.48%时即可达到极度盐害，大田作物几乎全部绝产；将表4.2中 EC_e 的数据代入方程（4.8）可知，松嫩平原苏打盐渍土含盐量达到0.3%和0.33%时，玉米和水稻就无法获得经济产量。

国内盐渍土分类将含盐量大于0.5%的土壤定义为盐土，应用这一指标判断松嫩平原苏打盐渍土是否发生盐害与实际情况存在严重误差。因此，松嫩平原苏打盐渍土的盐害往往被低估，以至于分析该区盐渍土阻碍作物生长发育的胁迫机制时渗透胁迫常常被忽视。

上述分析表明，渗透势胁迫是松嫩平原苏打盐渍土逆境胁迫的主

要作用机制之一。

二、高 Na^+ 浓度导致的离子毒害与拮抗

离子毒害是指土壤环境中某些离子浓度过高而造成的对植物的毒害作用。Na^+ 离子毒害是盐渍土环境中普遍存在的现象。当土壤溶液中 Na^+ 浓度过高时，植物吸收大量的 Na^+，导致 Na^+ 在植物细胞内累积。Na^+ 替换原生质膜上的 Ca^{2+}，从而破坏了质膜的结构，导致其功能丧失。质膜的结构和功能与植物的光合、呼吸、蛋白质合成等生理生化过程密切相关。因此，质膜结构与功能的丧失会破坏植物的生理代谢过程，最终抑制植物的生长发育。

离子拮抗是指由于离子之间的竞争性或某种离子的大量吸收而限制了植物对其他营养元素的吸收。例如，盐渍土中 Na^+ 浓度过高时，植物不仅受到 Na^+ 的毒害，也会造成 K^+ 和 Ca^{2+} 的吸收减少（Khan et al.，2000；Plaut et al.，2000），使植物的正常生理代谢遭到破坏，生长受到抑制。这种竞争作用还能导致植物对其他矿质元素的吸收困难，造成营养失衡，使植物光合作用下降，能耗增加，衰老加速，最终导致植物因饥饿而死亡（余书文和汤章程，2001）。因此，Na^+ 与其他矿质元素竞争的作用是盐分胁迫抑制植物生长主要机制之一（Solev，1996）。

在松嫩平原苏打盐渍土可溶性离子中，Na^+ 是占绝对主导地位的阳离子。121 份土壤样品的分析结果表明，Na^+ 浓度占可溶性盐离子总浓度的比例高达 90% 以上（见图 4.1）。由于松嫩平原苏打盐渍土可溶性盐浓度很高，该区盐渍土 Na^+ 浓度也很高。以饱和浸提液为例，Na^+ 浓度大于 100 $mmol_c\ L^{-1}$ 的样品达 91 份，占样品总数的

75.21%（见表4.3）。按田间土壤水分状况接近土壤饱和含水量的50%计算，土壤溶液 Na^+ 浓度约等于饱和浸提液 Na^+ 浓度的2倍。那么，121份样品中，土壤溶液 Na^+ 浓度大于500 $mmol_c \cdot L^{-1}$ 的样品达到61份，接近样品总数的50%。如此高的土壤溶液 Na^+ 浓度必然会引起离子毒害与拮抗。

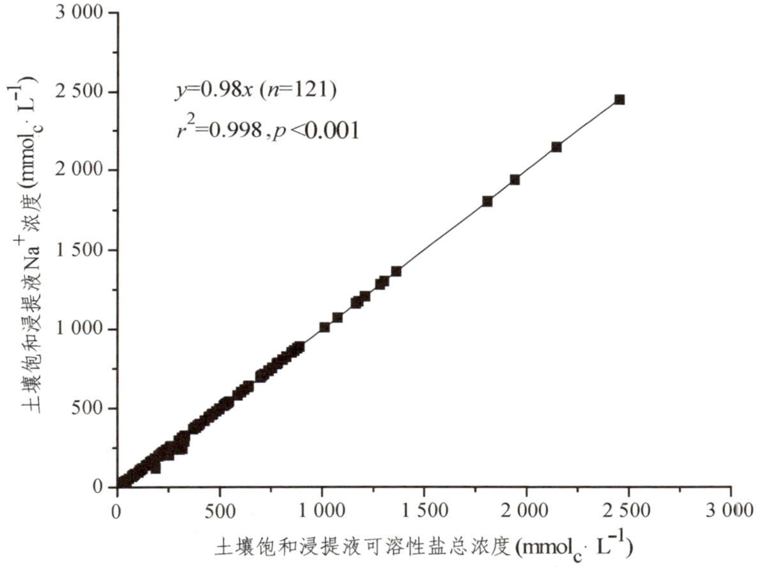

图4.1 松嫩平原苏打盐渍土饱和浸提液 Na^+ 浓度与可溶性盐总浓度的关系

表4.3 松嫩平原苏打盐渍土121份土样饱和浸提液和土壤溶液 Na^+ 浓度分级情况

饱和浸提液 Na^+ 浓度（$mmol_c \cdot L^{-1}$）	样本数	占样品总数比例（%）	土壤溶液 Na^+ 浓度（$mmol_c \cdot L^{-1}$）	样本数	占样品总数比例（%）
0～100	30	24.79	0～100	23	19
100～500	52	42.98	100～500	37	30.58
500～1 000	27	22.31	500～1 000	24	19.84
>1 000	12	9.92	>1 000	37	30.58

Na^+毒害对原生质膜的损害程度可以通过叶片的电解质外渗率进行判断。在盐分胁迫下，叶片中Na^+浓度的增加，导致叶片细胞质膜的透性增大，当叶片中Na^+超过一定量时，细胞电解质大量外渗，此时叶片中的Na^+浓度被称为“叶片耐盐阈值”，在此基础上Na^+继续增加，电解质外渗率达到50%，此时叶片中的Na^+浓度称为“叶片致死盐量”（汪贵斌等，2001）。王志春（2005）的研究结果表明，在苏打盐渍化土壤环境中，水稻叶片电解质外渗率随土壤*ESP*的增加而增加。这说明苏打盐渍土对水稻的生长发育产生了离子毒害作用。

在盐分胁迫下，Na^+对K^+的拮抗作用最为显著。因此，Na^+拮抗作用的强弱程度可以通过植物体内的Na^+/K^+数值进行判断。王志春（2005）的研究结果表明，在苏打盐渍化土壤环境中，水稻不同生育期根、叶、叶鞘内的Na^+/K^+均随土壤*ESP*的增加而增大。这说明苏打盐渍土对水稻的生长发育产生了离子拮抗作用。

上述分析表明，Na^+毒害与拮抗作用是松嫩平原苏打盐渍土阻碍作物生长发育的主要胁迫机制之一。

三、高 pH 的影响

土壤溶液高 pH 对植物的不利影响主要包括以下三个方面：

（1）高 pH 对植物根系的直接腐蚀作用；

（2）高 pH 导致某些营养元素匮乏或生物有效性降低；

（3）形成某些有害物质阻碍植物生长。

矿质元素的生物有效性与土壤 pH 密切相关，Ca、Mg 等中量元素，Fe、Mn、Cu、Zn 等微量元素在高 pH 条件下有效性明显降低（黄昌勇，

2000)；而且，在高 pH 土壤中，N、P、S 等元素含量普遍较低（Naidu and Rengasamy 1993)；另外，pH ＞ 9.0 会引发$Al(OH)_4^-$的生理毒性，阻碍植物生长（Ma et al.，2003)。

高 pH 是松嫩平原苏打盐渍土的主要特征之一，一般情况下土壤溶液 pH 都在9.0 以上。121 份土壤样品中，pH ＞ 9.0 的样品达到96，占样品总数的79.34%。如此高的土壤 pH 必然对作物的生长发育产生不利影响。

四、化学性质恶化引起的物理性质恶化

第三章研究结果证明，苏打盐渍土的物理性质与化学性质密切相关，物理性质的恶化是由化学性质恶化导致的。因此，从逆境胁迫的角度来说，苏打盐渍土的物理性逆境胁迫是由化学性逆境胁迫引起的间接作用。

第三节　苏打盐渍土物理性逆境胁迫的胁迫机制

一、基质势胁迫

土壤水基质势（ψ_m）是指将单位重量的水从非饱和土壤中一点移动到标准参考状态，除了土壤基质作用外，其他各项维持不变，土壤水所做的功。由于参考状态是自由水，在此过程中土壤水要克服土壤基质的吸持作用，所以土壤水所做的功为负值，即ψ_m为负

数。ψ_m 是由于土壤基质对水的吸持作用和毛细管作用而引起的，因此，土壤水基质势与土壤水吸力相对应，二者的绝对值相等，但土壤水吸力为正值。

土壤水吸力的大小反映了土壤的持水能力。在土壤含水量相同的情况下，土壤水吸力越大，土壤的持水能力越强。植物要从土壤中吸收水分就必须使植物根系水吸力大于土壤水吸力。因此，土壤水吸力也可以反映土壤水分的有效性。通常认为当土壤水吸力超过 1.5 MPa 时，土壤水不能被植物吸收利用，故称为无效水；吸力在 0.03 ~1.5 MPa 范围内的土壤水分可以被植物吸收利用，称为有效水（陈志雄，1979；庄季屏，1986）。根据有效水被植物吸收利用的难易程度，其又可分为速效水（0.03 ~0.6 MPa）和迟效水（0.6 ~1.5 MPa）（Puckett et al.，1985）。

土壤水分的有效性可以通过土壤水分特征曲线（土壤持水曲线）来进行判断。土壤水分特征曲线是指反映土壤含水率与土壤水吸力（土壤水基质势）相互关系的曲线。在 0.03 ~1.5 MPa 尤其是 0.03 ~0.6 MPa 吸力范围内，土壤水分含量越高，土壤水分有效性越高。

松嫩平原苏打盐渍土中由于含有大量的交换性 Na^+，致使土壤颗粒高度分散，土壤微结构中小粒级颗粒含量很高，土壤比表面积较大，土壤吸持水分的能力很强，土壤水分有效性很低。罗金明等（2009）研究表明，在低吸力条件下（0 ~0.1 MPa）苏打盐渍土 0 ~ 170 cm 水分特征曲线几乎成一条直线，土壤的水分含量变化很微弱，这说明苏打盐渍土有效水含量很低。陈志鸿等（2002）研究结果表明，碱斑地土壤速效水含量仅为 6.03%，迟效水含量仅为 0.95%，而无效水含量则为 27.50%。这些研究结果说明，松嫩平原苏打盐渍土的水分有效性很低，植物在生长过程中吸水困难，土壤的基质势胁迫十分严重。

二、营养胁迫

植物对土壤中矿质营养元素的吸收主要是通过水分吸收实现的。苏打盐渍土物理性质恶化，土壤水基质势胁迫严重，土壤水分有效性低。植物根系吸水困难必然降低其对土壤矿质元素的吸收利用效率（Rengasamy et al.，2003；Sumner and Nadiu，1998）。因此，土壤物理性质恶化引发的营养胁迫是一种间接作用。

三、通气性胁迫

土壤中氧气的流通性对植物根系的呼吸作用至关重要（Rengasamy et al.，2003），氧气的扩散速率低于 2 $mg \cdot m^{-2} \cdot s^{-1}$时，植物根系停止生长（Murphy et al.，2000）。

土壤通透性由土壤孔隙分布情况决定，而土壤孔隙分布情况与土壤颗粒状态密切相关（见表 4.4）。由表可知，只有土壤中存在粒径 > 0.25 mm 的土粒时，土壤孔隙才具有良好的通气功能。由第三章的数据（见表 3.2）可知，苏打盐渍土中几乎不存在水稳性大团聚体，因此，土壤通气性很差。这必然会对作物生长发育产生不利影响。另外，苏打盐渍土的导水性极低（见图 3.1），排水不畅，这极易引发渍害，导致土壤中氧气缺乏，旱生植物根系呼吸困难。另外，氧气匮乏还会引发微生物的厌氧呼吸，进而产生某些还原性有害物质（如 H_2S），此时植物所受的危害更大。

表 4.4 土壤孔隙与土壤颗粒直径之间的关系（Oades，1984）

土壤孔隙直径（mm）	土壤孔隙功能	土壤颗粒直径（mm）
<0.0002	束缚水分	<0.002
0.0002 ~ 0.025	储蓄有效水	0.002 ~ 0.25
0.025 ~ 0.1	水分的毛细管传到，通气	0.25 ~ 1
>0.1	通气、排水、根系生长	>1

四、机械阻力胁迫

苏打盐渍土常形成棱柱状或柱状构造的碱化层，有的在地表形成结皮或结壳（王遵亲等，1993）。这类土壤结构必然对植物出苗、根系伸展产生极大的机械阻力（Sumner & Nadiu，1998）。

五、支撑作用丧失

苏打盐渍土由于含有大量交换性 Na^+，土壤胶体遇水高度分散状态，尤其在水田，土壤颗粒遇水形成悬浊液，无法沉实，致使土壤支撑作用丧失。

本章小结

本章对松嫩平原苏打盐渍土逆境胁迫的胁迫因子与胁迫机制进行了归纳总结。苏打盐渍土的逆境胁迫包括化学性逆境胁迫与物理性逆境胁迫。化学性逆境胁迫的胁迫因子包括：土壤溶液过高的盐分浓度、过高的 Na^+浓度与过高的 pH；高盐分浓度对应的胁迫机制是渗透胁迫，高 Na^+ 浓度的胁迫机制为离子毒害和离子拮抗，高 pH 的胁迫机制包括三个方面：①高 pH 对植物根系的直接腐蚀作用；②高 pH 导致某些营养元素匮乏或有效性降低；③形成某些有害物质阻碍植物生长。

土壤化学性质恶化引起土壤物理性质恶化。因此，苏打盐渍土的物理性逆境胁迫可以看作是化学性逆境胁迫的间接作用。苏打盐渍土物理性逆境胁迫的胁迫机制包括四个方面：①土壤基质势胁迫，即土壤水吸力过高而引起的植物根系吸水困难；②营养胁迫，即根系吸水困难而间接导致的营养元素吸收困难；③通气性胁迫，即土壤通透性差而导致的植物根系呼吸困难；④机械阻力胁迫，即土壤结构恶化对作物出苗和根系伸展产生的机械阻力。

第五章　解除苏打盐渍土逆境胁迫的基本原理

一、置换交换性 Na^+

松嫩平原苏打盐渍土的 *ESP* 很高，由于富含大量的交换性 Na^+，土壤胶体处于高度分散状态，致使土壤物理性质严重恶化。植物的生长发育受到严重的物理性胁迫。因此，解除松嫩平原苏打盐渍土的逆境胁迫必须降低土壤的 *ESP* 。

在理论上，降低土壤 *ESP* 一般采用 Ca^{2+} 置换土壤胶体上的 Na^+（Ilays，1997），即

$$\begin{matrix} Na^{+}- \\ Na^{+}- \end{matrix}[clay] + Ca^{2+} \Longleftrightarrow 2\,Na^{+} + [clay]^{Ca^{2+}}$$

Ca^{2+} 来源分为两类：外部 Ca^{2+} 源和内部 Ca^{2+} 源。外部 Ca^{2+} 源是指从外部施入土壤的 Ca^{2+} 源。常用的外部 Ca^{2+} 源包括石膏、磷石膏、脱硫石膏等。内部 Ca^{2+} 源是指土壤自身含有的非游离态 Ca^{2+}，主要是 $CaCO_3$，需要外施酸性物质使 Ca^{2+} 由非游离态转化为游离态，即

$$CaCO_3 + 2H^+ \Longrightarrow Ca^{2+} + H_2O + CO_2$$

常用的酸性物质包括：硫酸铝（明矾）、硫酸铁（黑矾）、糠醛渣等。

二、排出土壤盐分

松嫩平原苏打盐渍土的渗透势胁迫非常严重，是其阻碍作物生长的主要胁迫机制之一。解除土壤渗透势胁迫的根本途径是排出土壤盐分，使土壤溶液盐分浓度降低到作物正常生长可以忍受的程度。土壤排盐的方法包括垂直淋洗和水平冲洗两种。垂直淋洗将土壤盐分淋溶到底层土壤，水平冲洗通过地表水平排水的方式将土壤盐分排出土体。

土壤盐分垂直淋洗效果与其淋洗效率有关。土壤盐分的淋洗效率是指单位体积的应用水量可以淋洗排除的可溶性盐数量。土壤盐分淋洗效率与土壤盐分的初始含量与分布、溶质组成、土壤结构与质地、土壤的空间变异性、土壤含水量、淋洗方法以及管理水平等因素有关（李法虎，2006）。

在垂直淋洗条件下，盐分的淋洗效率可用下面的经验公式描述（石元春等，1986）：

$$\frac{D_w}{D_s} = \frac{EC_i}{\alpha EC_f} + \beta \tag{5.1}$$

式中　EC_i——土壤初始电导率（$dS \cdot m^{-1}$）；

EC_f——土壤淋洗后的电导率（$dS \cdot m^{-1}$）；

D_w——淋洗水量（mm）；

D_s——被淋洗的土壤深度（mm）；

α、β——经验常数。

土壤水平冲洗排盐过程中应注意两个问题：冲洗排盐标准和冲洗定额（王遵亲等，1993）。冲洗排盐标准是指，经过冲洗后，土壤的盐度要降低到能够保证作物正常生长的程度。因此，土壤冲洗排盐标准包括两个指标：一是允许的土壤盐度，二是土层的厚度。允许的土壤盐度根据作物的耐盐阈值确定，不同作物的耐盐阈值可由 Mass - Hoffman 方程（Maas and Hoffman，1977）计算，即

$$Y_r = 100 - b \times (EC_e - EC_t) \tag{4.5}$$

式中 Y_r——相对产量；

b——斜率，即土壤电导率每增加一个单位作物产量降低的数量；

EC_e——土壤饱和浸提液电导率（$dS \cdot m^{-1}$）；

EC_t——作物开始减产时的临界电导率（$dS \cdot m^{-1}$）。

同一作物，不同生育期耐盐能力存在差异，一般作物苗期的耐盐能力最弱，故以苗期作物的耐盐度作为土壤盐度允许指标。土层厚度依作物根系活动层而定，一般采用 30 cm。

冲洗定额是指，为使土壤达到冲洗排盐标准，单位面积上所需的冲洗灌溉水量（王遵亲等，1993）。冲洗定额可由公式计算，也可以由田间试验确定。计算冲洗定额的公式很多，我国常用的公式是（王遵亲等，1993）：

$$M = m_1 + m_2 + E - P \tag{5.2}$$

式中 M——冲洗定额（$m^3 \cdot ha^{-1}$）；

m_1——冲洗时土层灌至田间持水量所需水量（$m^3 \cdot ha^{-1}$）；

m_2——冲洗期间排出土层盐分所需水量（$m^3 \cdot ha^{-1}$）；

E——冲洗期间蒸发水量（$m^3 \cdot ha^{-1}$）；

P——冲洗期间可利用降雨量（$m^3 \cdot ha^{-1}$）。

E、P 可由当地气候资料估算。m_1按下式计算：

$$m_1 = 10\,000 \times D \times \rho \times (w_1 - w_2) \tag{5.3}$$

式中 D——计划冲洗的土层厚度（m）；

ρ——计划冲洗的土层的土壤容重（$t \cdot m^{-3}$）；

w_1——计划冲洗的土层田间持水量（%）；

w_2——冲洗前土层田间含水量（%）。

m_2 按下式计算：

$$m_2 = \frac{10\,000 \times D \times \rho \times (S_1 - S_2)}{K} \tag{5.4}$$

式中 S_1——冲洗前土层含盐量（%）；

S_2——冲洗后土层含盐量（%）；

K——排盐系数（%），即单位体积水量从土壤带走的盐分总量。

冲洗排盐系数 K 值与诸多因素有关，主要包括土壤含盐量、土壤盐分种类、土壤质地、冲洗技术等。因此，采用公式估算的冲洗定额误差较大，实际生产中的冲洗定额最好通过田间冲洗试验确定。

三、降低土壤 pH

松嫩平原苏打盐渍土的 pH 过高，大多情况下都超过 9.0，对作物的生长发育产生了不利影响。因此在改良苏打盐渍土的过程中必须降低土壤 pH。

导致苏打盐渍土 pH 过高的根本原因包括以下 2 个方面：

（1）土壤溶液中的 HCO_3^- 和 CO_3^{2-} 水解产生 OH^-；

（2）土壤胶体上的 Na^+ 水解产生 OH^-。

因此，降低土壤 pH 的基本原理也包括以下 2 个方面：

（1）要用 Ca^{2+} 替换交换性 Na^+；

（2）将置换下来的 Na^+ 与 HCO_3^-、CO_3^{2-} 一起排出土体。

四、改善土壤物理性质

解除苏打盐渍土的物理性逆境胁迫必须改善土壤物理性质。改善土壤物理性质应包含以下内容：

（1）降低土壤容重，提高土壤总孔隙度，改善土壤孔隙分布状况；

（2）增加水稳性大团聚体数量；

（3）改善土壤水力学性质，提高土壤入渗速率和饱和导水率。

改善土壤物理性质可以产生以下效果：

（1）大孔隙的形成能够提高土壤水势，降低土壤水吸力，从而减轻或解除基质势胁迫，提高土壤水分有效性（秦耀东. 2003；邵明安等，2006）；

（2）土壤水分有效性提高能够促进植物对营养元素的吸收，提高土壤养分有效性；

（3）增强土壤空气流动性，解除土壤中氧气缺乏现象；

（4）大孔隙数量增加，减轻或解除土壤对根系伸展的机械阻力；

（5）土壤通透性提高，促进土壤盐分淋洗。

五、防止土壤返盐

松嫩平原苏打盐渍土盐度的季节性变化规律是，夏季土壤盐度降低，秋季、冬季和春季土壤盐度增加。即夏季土壤发生脱盐过程，秋、冬、春三季土壤发生返盐过程。该区盐渍土的返盐过程与土壤的冻融过程密切相关，表层土壤冻结后的盐分含量与冻结前的盐分盐量相比显著提高（张殿发，王世杰，2000）。

松嫩平原盐渍土地区每年从10月底或者11月初开始冻结，直至翌年6月末或7月初才能化通。土壤在冻结过程中，表层土壤温度首先降低到0℃以下，形成冻土层。冻层土壤与非冻层土壤间存在一定的温度和湿度梯度差（郑冬梅等，2003），引发地下潜水和底层土壤水分借助毛细管作用向冻土层不断运移，致使盐分量随之上升，在冻层中累积（张殿发，王世杰，2000）。表5.1中的数据充分证实了上述说法。

表5.1　冻土中水分和盐分迁移增量（据徐学祖等，1995）

时间		深度 cm	含水量（%）			含盐量（%）		
起始	终止		起始	终止	增量	起始	终止	增量
1月20日	2月11日	0～20	21.36	21.4	0.04	0.287	0.375	0.088
		20～40	30.25	32.98	2.73	0.390	0.600	0.210
		40～60	29.24	33.17	3.93	0.410	0.525	0.115
		60～80	33.69	35.79	2.10	0.305	0.400	0.095
		80～100	32.59	36.46	3.87	0.230	0.300	0.070

松嫩平原在4～6月份期间，由于气温和地温升高，冻土层开始自上而下融化，由于未融化层的存在，已经融化的水分无法向下排泄，致使冬季积累于冻层中的盐分滞留在表层土壤。同时，由于春季地表蒸发强烈，底层土壤盐分不断随毛管水向地表运移，最终导致地表强烈积盐（张殿发，王世杰，2000；宋长春，2003）。

总之，松嫩平原苏打盐渍土解除逆境胁迫后必须抑制土壤返盐，否则，土壤将再次发生盐渍化。如果这样，苏打盐渍土的改良利用将陷入改良、盐渍化、再改良、再盐渍化的恶性循环。

六、土壤熟化培肥

苏打盐渍土的肥力很差，尤其是磷、钙等营养元素含量很低，而且，在土壤排盐过程中，植物营养元素又处于流失状态。因此，在解除苏打盐渍土逆境胁迫的同时必须通过农业生物措施培肥土壤，补充和提高土壤有机质和植物营养元素，这样才能真正达到改良利用苏打盐渍土的目的（王遵亲等，1993）。

施用化学肥料可以在短时期内快速提高土壤速效养分含量，促进作物增产。但是，土壤肥力的实质是指土壤从营养条件和环境条件方面，供应和协调植物生长的能力（黄昌勇，2000）。土壤肥力是土壤物理、化学和生物学性质的综合反映。在这里，营养条件是指水分和养分，为作物必需的营养因素；环境条件是指温度和空气，虽然温度和空气不属于植物的营养因素，但对植物生长有直接或间接的影响，称之为环境因素；“协调”是指土壤中四大肥料因素，水、肥、气、热不是孤立的，而是相互联系和相互制约的。植物的正常生长发育，不仅要求水、肥、气、热四大肥力因素同时存在，而且要处于相互协调的状态（黄昌勇，2000）。

化学肥料只能为植物生长提供矿质养分，而无法有效改善土壤环境因素，因而无法解除土壤的物理性逆境胁迫。改善土壤环境因素必须向土壤中增施有机肥料，提高土壤有机质含量。只有这样，才能增加土壤水稳性大团聚体数量，提高大孔隙含量，改善土壤结构，最终解除物理性逆境胁迫。

有机肥料的改土培肥作用是众所周知的。苏打盐渍土施入有机肥料后不仅可以增加土壤有机质含量，改善土壤结构，减轻或解除土壤物理性逆境胁迫，还能减少地面蒸发，促进盐分淋洗，抑制盐分上升（王遵亲等，1993）。同时有机肥料还能促进土壤微生物的活动，通过微生物活动产生的各种有机酸，中和土壤碱性，增加土壤有效养分含量（王遵亲等，1993）。

总之，在松嫩平原苏打盐渍土改良利用过程中必须增施有机肥料，培肥土壤，这样才能真正解除苏打盐渍土的逆境胁迫，保证土壤肥力的可持续性。

本章小结

本章对解除松嫩平原苏打盐渍土逆境胁迫的基本原理进行了详细分析。概括起来，解除苏打盐渍土逆境胁迫就是去除土壤环境中的各项胁迫因子，其具体内容包括：

（1）置换交换性 Na^+，降低土壤 *ESP*。土壤交换性 Na^+ 含量过高是引起土壤黏粒分散的根本原因，要改善土壤物理性质，必须将土壤胶体上的 Na^+ 置换下，然后将其排出土体。

（2）排出土壤盐分，使土壤溶液盐分浓度降低到植物正常生长可以忍受的程度。

（3）降低土壤 pH。高 pH 是松嫩平原苏打盐渍土逆境胁迫的主要胁迫因子之一，因此，解除苏打盐渍土逆境胁迫必须降低土壤 pH。

（4）改善土壤物理性质，改善土壤物理性质一方面可以消除土壤的物理性逆境胁迫，另一方面也可以促进根区盐分淋洗。

（5）防止土壤返盐。松嫩平原苏打盐渍土秋季、冬季和春季的土壤返盐现象十分严重，若要保持盐渍土改良利用效果，必须在解除苏打盐渍土逆境胁迫后抑制土壤返盐，否则，土壤将再次发生盐渍化，形成逆境胁迫。

（6）培肥熟化土壤。苏打盐渍土的肥力很差，而且在土壤排盐过程中，植物营养元素又处于流失状态，因此，解除苏打盐渍土逆境胁迫必须提高土壤肥力。

第六章　解除苏打盐渍土逆境的主要技术措施

第一节　施用化学改良剂

施用化学改良剂的目的是向土壤提供 Ca^{2+} 或者活化土壤中的 $CaCO_3$，进而置换土壤胶体上的 Na^+，降低土壤 *ESP*。盐渍土改良中最常见的化学改良剂是石膏，其改良效果十分显著（Amezketa et al.，2005；Armstong & Tanton 1992；Lebron et al.，2002；Mace et al.，1999；Oster，1982；Qadir et al.，1996；Valzano et al.，2001）。

在已有的研究报道中，对松嫩平原苏打盐渍土具有明显改土效果的化学改良剂包括石膏（高玉山等，2003）和硫酸铝（王宇等，2006；赵兰坡等，2001）。以吉林农业大学赵兰坡教授为首的学科组在国内率先研究了硫酸铝对松嫩平原苏打盐渍土的改良作用及其机理，其研究结果表明：强碱性苏打盐渍土中添加硫酸铝后，土壤平衡溶液的 pH 明显下降，Ca^{2+} + Mg^{2+} 浓度明显增加；土壤中大粒径微团聚体数量明显增多，小粒径微团聚体数量明显减少，土壤容重变小，孔隙度增大；土壤持水性能明显改善，单位重量土壤的吸水量和吸水速度、毛管水上升高度和速度明显提高（王宇等，2006；赵兰坡等，2001）。

脱硫石膏是火电厂的副产品之一，其主要成分为石膏，因而是盐渍土改良中可以利用的一种化学改良剂。吉林省大安市是松嫩平原苏打盐渍土分布最集中、盐渍化程度最高的地区（李取生等，1998），其境内的大唐长山热电厂每天脱硫石膏的产量高达400 t。这为该区盐渍土的改良利用提供了便利条件。本研究分析了脱硫石膏对苏打盐渍土理化性质和水稻生长的影响，旨在为苏打盐渍土改良利用研究提供理论支持。

一、材料与方法

(一)供试土样

供试土样采自中国科学院大安碱地生态实验站（N45°35′58″—N45°36′28″, E123°50′27″—123°51′31″）。采样地点为典型钓碱斑地，俗称光板地。取样深度为0～20 cm，20～40 cm。土样带回室内，自然风干，过2 mm筛。测定土壤基本理化性质，具体结果见表6.1。

表6.1 土壤基本物理和化学性质

参数	土层深度（cm）		
	0～20	20～40	0～40
砂粒（%）	23.26	24.58	23.92
粉粒（%）	39.14	35.45	37.30
黏粒（%）	37.60	39.97	38.78
电导率①（$dS \cdot m^{-1}$）	25.68	26.32	26.00
钠吸附比①（$(mmol_c \cdot L^{-1})^{1/2}$）	392.80	365.64	379.22
阳离子交换量（$cmol_c \cdot kg^{-1}$）	18.74	18.52	18.63
碱化度（%）	79.66	78.58	79.12
pH①	10.47	10.49	10.48

注：①土壤饱和浸提液。

（二）实验处理

有机玻璃柱高 50 cm，直径 30 cm。有机玻璃柱底部留有直接 3 cm 的圆孔，用橡胶塞封住，橡胶塞上钻直径 1 cm 的圆孔，插入玻璃管，玻璃管连接橡胶管，橡胶管用止水夹夹住。将脱硫石膏分别按石膏需求量（*GR*）的 200% 和 100% 用量与土壤混合。有机玻璃柱底部铺设 1 cm 厚细砂（0 ~1 mm），然后按容重 1.35g · cm^{-3}分层填装土壤。土柱高 40 cm。不添加脱硫石膏处理为对照，重复 4 次。

加水，建立 3 cm 高水层。移栽水稻，每个有机玻璃柱移栽 4 穴，每穴 4 株。移栽后，移去橡胶管上的止水夹，用广口瓶承接出流液。每天记录一次出流液体积。水面落干后再加水，水层高度为 3 cm。

实验结束后测定水稻的分蘖数、株高、产量等生物学指标。按 0 ~20 cm、20 ~40 cm 分层取土，测定土壤化学性质。

（三）石膏需求量

实验中脱硫石膏添加量由石膏需求量（*GR*）计算求得（Amezketa et al.，2005；Mace et al.，1997）：

$$GR = 1.25 \times CEC \times (ESP_i - ESP_f) \times 10^{-4}$$

式中　*GR* ——石膏需求量（$mol_c \cdot kg^{-1}$）；

CEC ——阳离子交换量（$cmol_c \cdot kg^{-1}$）；

ESP_i ——土壤初始碱化度；

ESP_f ——目标碱化度，本实验中为 5。

实验所用脱硫石膏为长春第三热电有限公司的工业副产品，其石膏（$CaSO_4 \cdot 2H_2O$）质量百分含量为：981.2 g · kg^{-1}；$CaSO_4 \cdot H_2O$ 质量百分含量为：11.4 g · kg^{-1}。经计算，实验土样 100% *GR* 的脱硫石膏添加量约为 15.0 g · kg^{-1}。

(四) 土壤浸提液电导率和 pH 的测定

配制土水比1∶5浸提液，采用 DDS-307 型电导率仪测定浸提液的电导率，pH 用 PHS-3B 型便携式 pH 计（上海雷磁科学仪器厂）测定。Na^+浓度采用火焰光度法测定，Ca^{2+} + Mg^{2+}浓度采用 EDTA 滴定法测定。

土水比1∶5浸提液钠吸附比（$SAR_{1:5}$）采用下面公式计算：

$$SAR_{1:5} = \frac{C_{Na^+}}{\sqrt{C_{(Ca^{2+}+Mg^{2+})}/2}}$$

式中，C_{Na^+}、$C_{(Ca^{2+}+Mg^{2+})}$ 浓度单位均为 $mmol_c \cdot L^{-1}$。

饱和浸提液的电导率（EC_e）和钠吸附比（SAR_e）采用下面公式换算：

$$EC_e \approx 11.00 EC_{1:5}$$

$$SAR_e \approx 13.00 SAR_{1:5}$$

二、结果与分析

(一) 土壤通透性

脱硫石膏显著提高了苏打盐渍土的通透性。这可由试验中各处理的出流液总体积进行判断。由图 6.1 可知，脱硫石膏处理的出流液总体积显著（$p<0.05$）高于对照处理。脱硫石膏使用量达到100% *GR* 和200% *GR* 时，出流液总体积从对照的152 mL分别增加到18 148 mL和37 407 mL，分别提高了118.4倍和245.1倍。

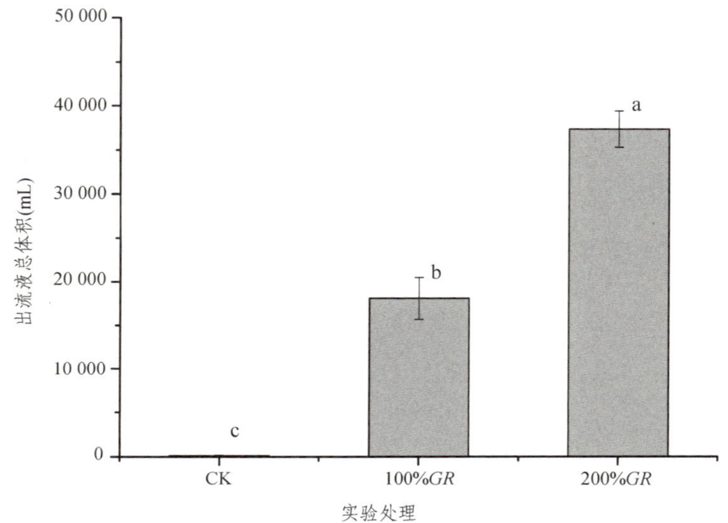

图6.1 脱硫石膏对出流液总量的影响

(二)土壤化学性质

1. 土壤 EC_e

实验结束后，脱硫石膏处理的 EC_e 显著低于对照处理（见表6.2）。脱硫石膏添加量达到100% *GR* 和200% *GR* 时，0～40 cm土壤平均 EC_e 从对照的24.66 dS·m^{-1}分别降低到4.93 dS·m^{-1}和2.72 dS·m^{-1}。

苏打盐渍土加入脱硫石膏后，土壤通透性提高，进而促进了盐分淋洗。可溶性盐被排除土体，从而降低了土壤盐分总浓度，因此土壤 EC_e 显著下降。

表 6.2　脱硫石膏对土壤饱和浸提液电导率（EC_e）的影响

实验处理	土壤饱和浸提液电导率（$dS \cdot m^{-1}$）		
	0 ~ 20 cm	20 ~ 40 cm	0 ~ 40 cm
CK	24.37 *a*	24.95 *a*	24.66 *a*
100% *GR*	4.74 *b*	5.12 *b*	4.93 *b*
200% *GR*	2.61 *c*	2.83 *c*	2.72 *c*

2. 土壤 SAR_e

添加脱硫石膏明显降低了苏打盐渍土的 SAR_e。实验结束后，0 ~ 20 cm 土壤的 SAR_e 从对照的 387.41 $(mmol_c \cdot L^{-1})^{1/2}$ 分别降低 100% *GR* 处理的 23.45 $(mmol_c \cdot L^{-1})^{1/2}$ 和 200% *GR* 处理的 8.12 $(mmol_c \cdot L^{-1})^{1/2}$（见表 6.3），20 ~ 40 cm 土壤的 SAR_e 从对照的 395.27 $(mmol_c \cdot L^{-1})^{1/2}$ 分别降低 26.03 $(mmol_c \cdot L^{-1})^{1/2}$ 和 11.69 $(mmol_c \cdot L^{-1})^{1/2}$。

苏打盐渍土加入脱硫石膏后，一方面促进了 Na^+ 的淋洗，另一方面增加了土壤中可溶性 Ca^{2+} 含量，最终导致土壤 SAR_e 显著下降。

表 6.3　脱硫石膏对土壤饱和浸提液钠吸附比（SAR_e）的影响

实验处理	土壤饱和浸提液钠吸附比 $(mmol_c \cdot L^{-1})^{1/2}$		
	0 ~ 20 cm	20 ~ 40 cm	0 ~ 40 cm
CK	387.41 *a*	395.27 *a*	391.34 *a*
100% *GR*	23.45 *b*	26.03 *b*	15.78 *b*
200% *GR*	8.12 *c*	11.69 *c*	18.86 *c*

3. 土壤 pH

施用脱硫石膏明显降低了土壤的 pH（见表 6.4）。实验结束后，0 ~ 40 cm 土壤平均 pH 从对照的 10.26 分别降低到了 100% *GR* 处理的 8.75 和 200% *GR* 处理的 8.05。土壤的酸碱已经基本由碱性转化成中性。

导致苏打盐渍土 pH 过高的根本原因包括以下两方面：

（1）土壤溶液中的 HCO_3^- 和 CO_3^{2-} 水解产生 OH^-；

（2） 土壤胶体上的 Na^+ 水解产生 OH^-。

苏打盐渍土加入脱硫石膏后，土壤胶体上的 Na^+ 被 Ca^{2+} 替换下来，而且土壤通透性明显提高，因此 HCO_3^-、CO_3^{2-} 及被置换下来的 Na^+ 随出流液排出土体，从而降低了土壤 pH。

表 6.4 脱硫石膏对土壤 pH 的影响

实验处理	土水比1:5浸提液 pH		
	0 ~ 20 cm	20 ~ 40 cm	0 ~ 40 cm
CK	10.28a	10.24a	10.26a
100% *GR*	8.6b	8.9b	8.75b
200% *GR*	7.7c	8.4c	8.05c

（三）水稻生物学指标

1. 株　高

苏打盐渍土施用脱硫石膏后，水稻的生长发育状况得到明显改善。收获后，植株高度从对照的 12.5 cm 分别增加到 100% *GR* 处理的74.3 cm 和 200% *GR* 处理的 85.1 cm（见图 6.2）分别提高了 4.9 倍和 5.8 倍。

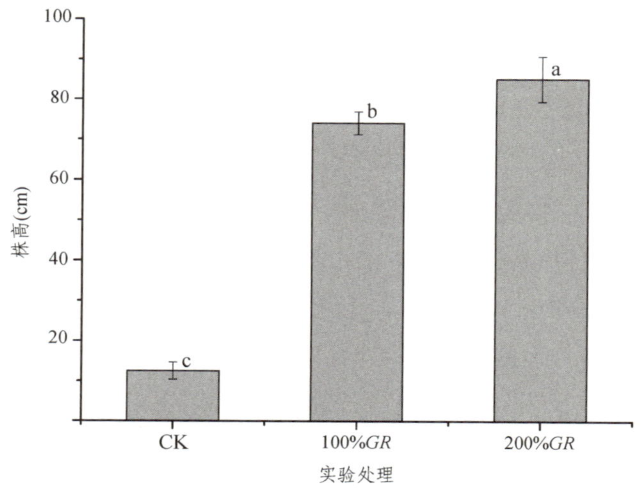

图 6.2 脱硫石膏对水稻株高的影响

2. 水稻产量

苏打盐渍土施用脱硫石膏后，水稻产量得到显著提高。由图 6.3 可知，实验结束后，对照处理没用获得产量，而 100% *GR* 处理的总产量为 16.77 g，200% *GR* 处理的总产量为 24.01 g。

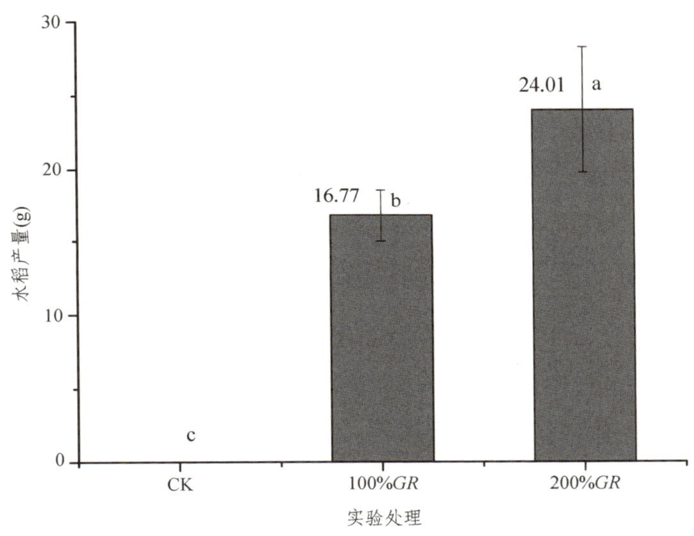

图 6.3 脱硫石膏对水稻产量的影响

3. 产量构成要素

苏打盐渍土施用脱硫石膏后，水稻产量得到显著提高。进一步分析发现，脱硫石膏对形成水稻产量的各项要素均有改善作用（见表 6.5），而且各项指标均随脱硫石膏添加量的增加而增大，例如，当脱硫石膏添加量由 100% *GR* 增加到 200% *GR* 时，结实率从 91.90% 增加到 98.18%，千粒重从 23.99 g 增加到 24.55 g。

表 6.5 脱硫石膏对水稻产量构成要素的影响

处理	穗/穴	粒/穗	结实率（%）	千粒重（g）
CK	4c	0c	0c	0b
100% *GR*	10b	76b	91.90b	23.99a
200% *GR*	12a	100a	98.18a	24.55a

三、结　论

苏打盐渍土施用脱硫石膏后，土壤物理和化学性质明显改善。土壤通透性提高，促进了土壤盐分淋洗，降低了土壤盐度和pH，从而使水稻产量得到显著提高。

第二节　物理改良措施

物理改良措施是指通过物理手段或者向土壤施用结构改良剂来改善土壤物理性质的方法。饱和导水率低是苏打盐渍土物理性质恶化的标志性特征之一（USDA，1954；王遵亲等，1993），也是苏打盐渍土改良利用必须解决的关键性问题之一，即如何有效提高土壤导水性能促进盐分淋洗是松嫩平原苏打盐渍土改良利用的基本前提之一。

土壤饱和导水率与土壤容重、质地、结构、灌溉水质等因素密切相关。本书以松嫩平原典型苏打盐渍土为研究对象，采用降低容重、微咸水灌溉、添加砂粒、客土改良、施用PAM等方法改善土壤饱和导水率，分析了苏打盐渍土饱和导水率对盐分淋洗的影响，以期为苏打盐渍土水盐平衡和水盐调控提供科学依据，为该区苏打盐渍土改良提供理论支撑和方法借鉴。

一、材料与方法

（一）供试土样

供试土样采自中国科学院大安碱地生态试验站（N45°35′58″—

N45°36′28″, E123°50′27″—123°51′31″)。采样地点为典型的碱斑地，俗称光板地。取样深度为 0 ~ 20 cm。土样带回室内后自然风干，过 2 mm 筛。采用吸管法对土壤颗粒进行分析，根据国际土壤质地制分类标准，供试土样为黏土；采用土水比1∶5浸提液测定土壤电导率（*EC*）和 pH；阳离子交换量采用氯化铵-乙酸铵法测定；交换性 Na^+ 含量采用乙酸铵-氢氧化铵-火焰光度法测定；碱化度（*ESP*）由计算求得，即

$$ESP = 100 \times E_{Na}/CEC$$

式中 E_{Na} ——交换性 Na^+（$cmol_c \cdot kg^{-1}$）；

CEC ——阳离子交换量（$cmol_c \cdot kg^{-1}$）。

土壤理化指标测定结果见表 6.6。

表 6.6 苏打盐渍土基本理化特征

砂粒（%）	粉粒（%）	黏粒（%）	电导率（$dS \cdot m^{-1}$）①	pH①	阳离子较换量（$cmol_c \cdot kg^{-1}$）	碱化度（%）
31.95	18.37	49.68	2.59	10.38	45.00	51.88

注：①土水比1∶5浸提液，下同。

（二）实验处理

实验中采用降低土壤容重与微咸水灌溉（见实验Ⅰ）、添加砂粒（见实验Ⅱ）、客土压砂（见实验Ⅲ）和施用 PAM（见实验Ⅳ）4 种方法改善土壤通透性，从而获得不同梯度的饱和导水率数值。

实验Ⅰ中，在 1.08、1.17、1.25、1.33、1.42 和 1.50 $g \cdot cm^{-3}$ 五种土壤容重状态下，分别使用地下承压水、潜水、蒸馏水（模拟雨水）为供试水源，测定土壤饱和导水率。供试水样的化学性质见表 6.7。地下承压水和潜水取自大安碱地生态试验站，其中，承压水井深 80 m，潜水井深 20 m。

表 6.7　供试水源化学性质

化学性质	潜水	承压水	蒸馏水
电导率（$dS \cdot m^{-1}$）	3.79	0.92	0.01
钠吸附比（$mmol_c \cdot L^{-1}$）$^{1/2}$	9.64	3.15	0.31
pH	8.6	7.2	7.32

实验Ⅱ中，将取自当地河流的河砂洗净风干，用不锈钢筛将砂粒筛分成 4 组粒径范围：0.075 ~ 0.25 mm，0.25 ~ 0.5 mm，0.5 ~ 1.0 mm，1.0 ~ 2.0 mm，将土样与上述 4 种粒径的砂粒分别按质量比 9:1，8:2，7:3，6:4，5:5 均匀混合，即每个粒径设置 5 个添加量，共 20 个处理，以苏打盐渍土为对照。土壤与砂粒充分混合后按容重 1.25 $g \cdot cm^{-3}$ 装入渗透率仪。

实验Ⅲ中，以砂土和黑土做为客土，二者的理化性质见表 6.8。将砂土、黑土分别与苏打盐渍土按比例 1:9、2:8、3:7、4:6、5:5 均匀混合，以苏打盐渍土为对照。土样按容重 1.25 $g \cdot cm^{-3}$ 装入渗透率仪。

表 6.8　供试客土的基本理化性质

土样	砂粒（%）	粉粒（%）	黏粒（%）	电导率[①]（$dS \cdot m^{-1}$）	钠吸附比[①]（$mmol_c \cdot L^{-1}$）$^{1/2}$	pH
砂土	67.90	21.58	10.51	0.14	2.63	7.77
黑土	13.28	29.87	56.85	0.61	11.05	7.74

实验Ⅳ中，PAM 的添加量为土壤质量的 0.1%、0.5% 和 1.0%，土样与 PAM 充分混合后按容重 1.30 $g \cdot cm^{-3}$ 装入渗透率仪。

（三）饱和导水率测定

饱和导水率采用南京土壤仪器厂生产的 TST-55A 型渗透率仪（常

水头法）测定。实验Ⅰ采用三种灌溉水源，其他实验采用当地常用灌溉水源——第四系地下承压水（见表 6.7）。各处理土样按实验设计容重装入渗透率仪，每个处理重复 3 次。土样饱和后，用广口瓶收集出流液。对实验所用土壤而言，24 h 后出流液流速可以达到完全稳定状态，此时换用小三角瓶收集出流液，每 30 min 测量一次出流液体积，共测定 8 次。饱和导水率采用达西定律计算：

$$K_s = \frac{Q \times L}{A \times t \times H}$$

式中　K_s——饱和导水率（$cm \cdot s^{-1}$）；

Q——渗透量（mL）；

A——渗透横截面面积（cm^2）；

t——渗透时间（s）；

L——土柱长度（cm）；

H——水头高度（cm）。

为了消除温度的影响，将测定的饱和导水率换算成 10℃ 下的饱和导水率，公式如下：

$$K_{10} = \frac{K_s}{0.7 + 0.03T}$$

式中　K_s——某水温下的土壤饱和导水率（$cm \cdot s^{-1}$）；

K_{10}——10℃ 时的土壤饱和导水率（$cm \cdot s^{-1}$）；

T——水的温度（℃）。

（四）出流液化学性质测定

实验中，盐分淋洗效果通过稳定出流液的电导率和 pH 表示。实验开始 28 h 后，收集 120 min 内的出流液，用于测定化学性质。*EC* 采用DDS-307型电导率仪（上海精密仪器厂）测定，pH用PHS-3B型pH计（上海雷磁科学仪器厂）测定。由于实验测定的是流速稳定后出流液的*EC*和pH，因此该*EC*和pH可以在一定程度上反映苏打盐渍土淋洗后的化学性质。即稳定出流液的*EC*和pH越低，先前被淋洗的盐分就越多，盐分淋洗的效果也就越好。

二、实验结果

(一)降低土壤容重与微咸水灌溉对苏打盐渍土饱和导水率和盐分淋洗的影响

1. 容重对苏打盐渍土饱和导水率的影响

容重对苏打盐渍土饱和导水率影响的统计分析结果见表6.9。采用潜水和承压水测定时，K_{10}随容重的逐渐增加而逐渐升高。值得注意的是，用潜水测定时，容重达到1.25 g·cm^{-3}后，K_{10}差异不显著；承压水测定时，容重在1.08 ~ 1.25 g·cm^{-3}范围内，K_{10}差异不显著，容重在1.33 ~ 1.50 g·cm^{-3}范围内，K_{10}差异也不显著。用蒸馏水测定的饱和导水率变化规律与潜水和承压水测定略有不同：K_{10}在容重1.08、1.17、1.25和1.33 g·cm^{-3}情况下都为0.11 mm·d^{-1}；在容重1.42 g·cm^{-3}和1.50 g·cm^{-3}情况下，实验没有收集到出流液，因此，K_{10}均为0 mm·d^{-1}。尽管实验测得的K_{10}为0 mm·d^{-1}，但是实验只进行了28 h，如果延长实验时间可能会收集到出流液。因此，当蒸馏水入渗时，在容重较大的情况下，短时入渗不能获得苏打盐渍土饱和导水率的数值，长时入渗苏打盐渍土饱和导水率的数值也应该很小，几乎接近0。

表 6.9 容重对苏打盐渍土饱和导水率的影响

容重 ($g \cdot cm^{-3}$)	饱和导水率 ($mm \cdot d^{-1}$)		
	潜水	承压水	蒸馏水
1.08	(1.08 ± 0.143 7) a	(0.32 ± 0.048 2) a	(0.11 ± 0.009 6) a
1.17	(0.58 ± 0.004 8) b	(0.28 ± 0.027 7) a	(0.11 ± 0.017 3) a
1.25	(0.30 ± 0.064 5) c	(0.17 ± 0.034 6) b	(0.11 ± 0.004 6) a
1.33	(0.24 ± 0.018 7) c	(0.11 ± 0.037 5) bc	(0.11 ± 0.004 6) a
1.42	(0.11 ± 0.012 6) d	(0.06 ± 0.012 7) c	(0.00 ± 0.000 0) b
1.50	(0.07 ± 0.004 7) d	(0.03 ± 0.008 3) c	(0.00 ± 0.000 0) b

注：同列不同小写字母表示处理间差异显著（$p < 0.05$），下同。

一般而言，土壤容重越大，孔隙度越小，饱和导水率越小。但是，使用蒸馏水测定的饱和导水率数值表明：土壤容重不相等，饱和导水率却相同（见表 6.9）。这说明饱和导水率除受土壤孔隙度影响外，还与土壤孔隙分布特征密切相关（Oades，1984）。在土壤容重差异很大，即土壤孔隙度相差很大时，如果土壤孔隙都以小孔隙存在（如孔隙直径 <2 μm），那么土壤水分处于束缚水状态，其流动性极差甚至不流动。因此，容重相差很大的土壤其饱和导水率可能相同。本实验结果很好地说明了这一点。

2. 水质对苏打盐渍土饱和导水率的影响

水质对苏打盐渍土饱和导水率的影响如图 6.4 所示。实验结果表明，在容重相等的情况下，供试土壤在不同水质下测定的饱和导水率从高到低的顺序为潜水 > 承压水 > 蒸馏水。而 3 种水源的 EC（EC_w）从高到低的顺序也是潜水 > 承压水 > 蒸馏水。这说明，在土壤性质相同的情况下，EC_w越高，苏打盐渍土饱和导水率越高。这与国内外的研究结果相一致（Levy et al.，1999；Quirk，1955；王全九等，2004）。

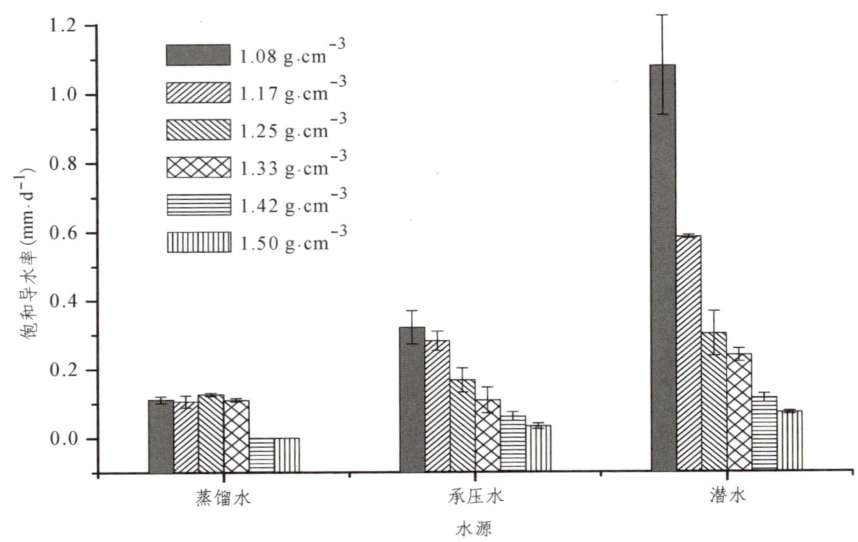

图 6.4　水质对盐渍土饱和导水率的影响

一般而言，过量交换性 Na^+ 的存在引发黏粒高度分散，从而堵塞土壤孔隙（Frenkel et al., 1978;），导致土壤导水性降低（Levy et al., 1999; Shainberg & Letey, 1984）。而黏粒的絮凝作用与土壤溶液或灌溉用水的 *EC* 有关（Quirk, 2001; Rengasamy et al., 1984）。具有较高 *EC* 的土壤溶液或灌溉水能促进黏粒的凝絮作用，增强土壤团聚体的稳定性，从而提高土壤导水性（Quirk, 2001; Rengasamy et al., 1984; Shainberg et al., 1981）。在图 6.4 中，蒸馏水、承压水、潜水的 EC_w 依次增加，因而其对应的饱和导水率也依次增加。

3. 容重对盐渍土盐分淋洗的影响

容重对盐渍土出流液 *EC* 和 pH 的影响如图 6.5 和图 6.6 所示。由图 6.5 和图 6.6 可见，在潜水和承压水情况下，随着土壤容重的逐渐增加，出流液的 *EC* 和 pH 不断升高。因此，土壤容重越大，盐分淋洗效果越差。在蒸馏水情况下，随着土壤容重的升高，出流液的 *EC* 和 pH 基本不变。

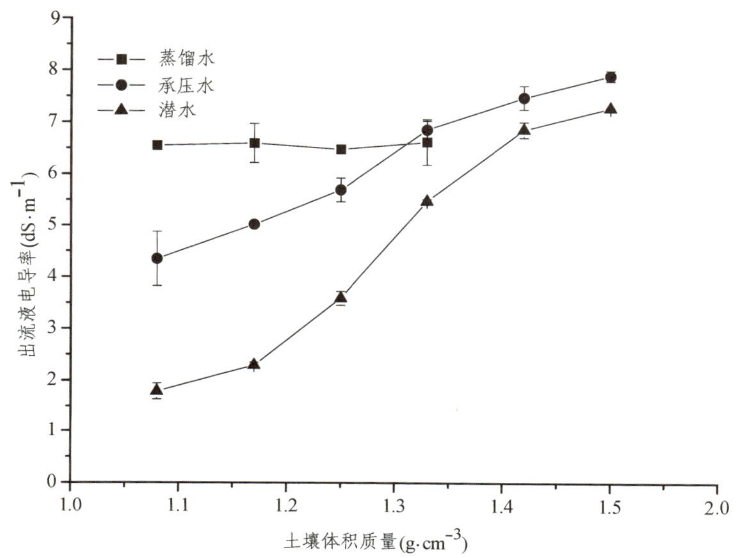

图 6.5 土壤容重对苏打盐渍土出流液电导率 *EC* 的影响

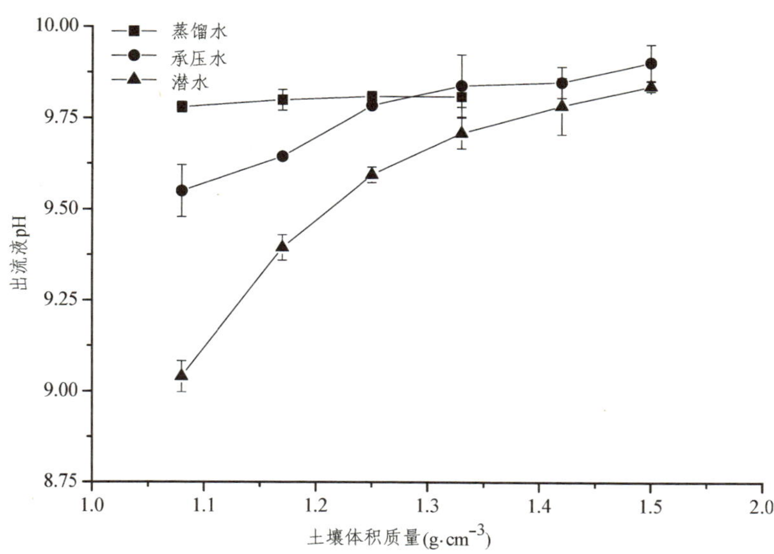

图 6.6 土壤容重对苏打盐渍土出流液 pH 的影响

4. 水质对苏打盐渍土盐分淋洗的影响

水质对苏打盐渍土出流液 *EC* 和 pH 的影响如图 6.7 和图 6.8 所

示。由图 6.7 和图 6.8 可见，随着测定用水 EC_w 增加（见表 6.8），出流液 EC 和 pH 不断降低。因此，测定用水的 EC 越高，苏打盐渍土中的盐分越容易被淋洗。

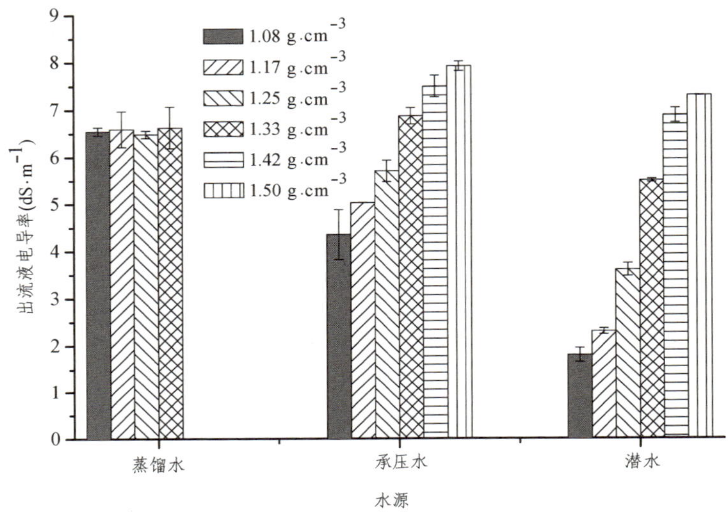

图 6.7　水质对不同容重苏打盐渍土出流液电导率 EC 的影响

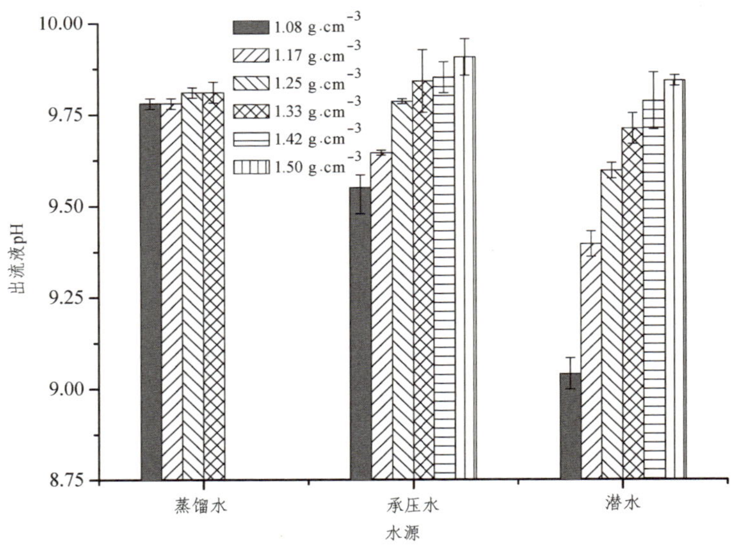

图 6.8　水质对不同容重苏打盐渍土出流液 pH 的影响

(二)添加砂粒对苏打盐渍土饱和导水率和盐分淋洗的影响

1. 砂粒对苏打盐渍土饱和导水率的影响

(1) 砂粒含量对土壤饱和导水率的影响

表6.10给出了饱和导水率的测定结果。由表6.10可见，砂粒能够有效提高苏打盐渍土的饱和导水率。总体而言，当砂粒含量达到30%时，土壤饱和导水率有了显著提高，恢复到正常土壤的水平。苏打盐渍土中由于存在大量的交换性 Na^+，土壤团聚体的稳定性遭到破坏，水稳性团聚体含量很低，甚至为零，饱和导水率极低。而砂粒有效地增加土壤大孔隙数量，从而显著提高苏打盐渍土的饱和导水率。

表6.10 一定粒径下不同砂粒含量对苏打盐渍土饱和导水率的影响

砂粒含量	土壤饱和导水率（$mm \cdot d^{-1}$）			
	0.075～0.25 mm	0.25～0.5 mm	0.5～1 mm	1～2 mm
对照	(0.23±0.022) a	(0.23±0.022) a	(0.23±0.022) a	(0.23±0.022) a
10%	(0.25±0.007) a	(0.24±0.017) a	(0.33±0.011) a	(0.35=0.005) a
20%	(0.37±0.026) a	(0.33±0.019) a	(0.58±0.004) a	(8.96=0.664) b
30%	(15.76±0.451) b	(2.12±0.057) a	(4.38±0.029) b	(28.54±1.991) c
40%	(23.89±0.678) c	(52.36±1.694) b	(23.81±1.204) c	(76.41±13.584) d
50%	(58.84±3.382) d	(204.45±1.883) c	(205.09±6.637) d	(159.61±4.528) e

饱和导水率随砂粒含量增加而升高的趋势如图6.9所示。根据曲线的变化特征，可将其拟合成指数方程，即：

$$y = ab^x$$

式中 y——饱和导水率（$mm \cdot d^{-1}$）；

x——砂粒质量百分含量（%）；

a，b——拟合系数。

拟合结果见表 6. 11。经显著性检验，本方程均具有极显著统计学意义（$p<0.01$）。因此，指数方程可以反映苏打盐渍土饱和导水率随砂粒含量增减的变化特征。

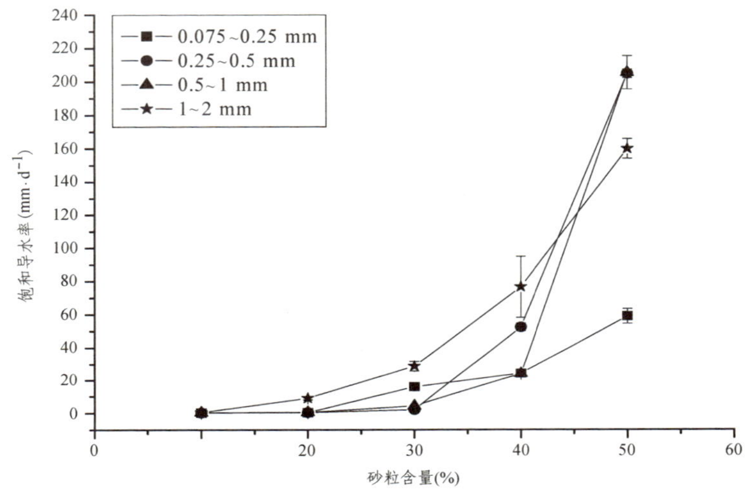

图 6. 9　砂粒含量对苏打盐渍土饱和导水率的影响

表 6. 11　一定粒级下不同砂粒含量对苏打盐渍土饱和导水率影响的参数拟合结果

拟合参数	0. 075 ~ 0. 25 mm	0. 25 ~ 0. 5 mm	0. 5 ~ 1 mm
a	0. 855	0. 141	0. 005
b	1. 088	1. 157	1. 238
r^2	0. 973	0. 995	0. 999

（2）砂粒粒径对苏打盐渍土饱和导水率的影响

砂粒粒径对苏打盐渍土饱和导水率的影响如图 6. 10 所示。由图可见，不同砂粒含量下苏打盐渍土饱和导水率随砂粒粒径增加呈现不同的变化规律。砂粒含量在 10% ~30% 时，饱和导水率随粒径的增加先降低后升高；砂粒含量为 40% 时，随砂粒粒径的增加饱和导水率先升高再降低而后再升高；砂粒含量增加到 50% 后，饱和导水率随砂粒粒径的增加先升高后降低。一般而言，砂粒含量的增加不仅使土壤大孔隙数量增加，还使土壤水分运动通道变得更加复杂，过水断面减少（Mehuys et al.，1975；Sauer & Sally，2002）。前一结果使土壤饱和导水率升高，后两个结果使土壤饱和导水率降低。当大孔隙效应大于后两个因素时，土壤饱和导水率升高，反之减小。本实验中，在不同砂粒含量下，随着砂粒粒径的增加，上述三种作用因素的综合效果也随之发生变化。因此，饱和导水率随砂粒粒径增加而呈现不同的变化规律。

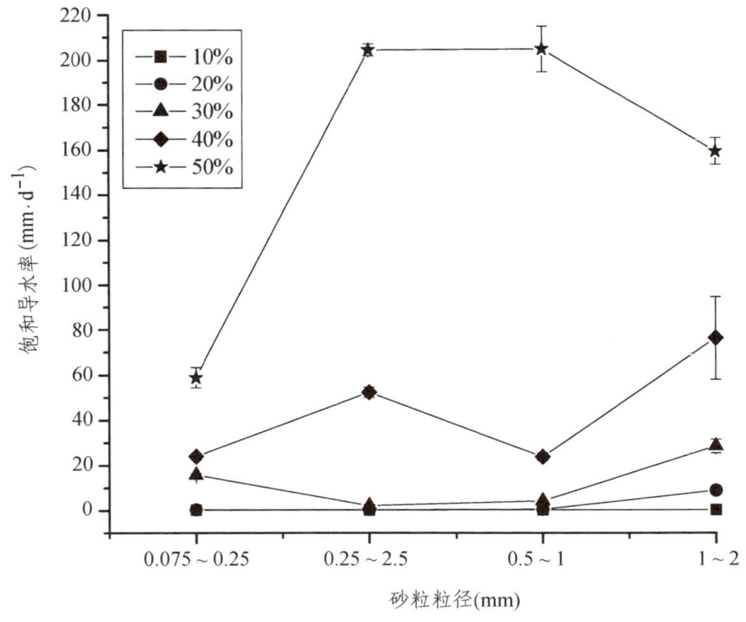

图 6.10 砂粒粒径对苏打盐渍土饱和导水率的影响

2. 砂粒添加量和粒径对苏打盐渍土盐分淋洗的影响

（1）砂粒添加量对出流液 *EC* 和 pH 的影响

砂粒添加量对出流液 *EC* 和 pH 的影响分别如图 6.11 和图 6.12 所示。由图可见，随着砂粒添加量的逐渐增加，出流液 *EC* 和 pH 不断降低。因此，砂粒添加量越大，盐渍土中的盐分越容易被淋洗。

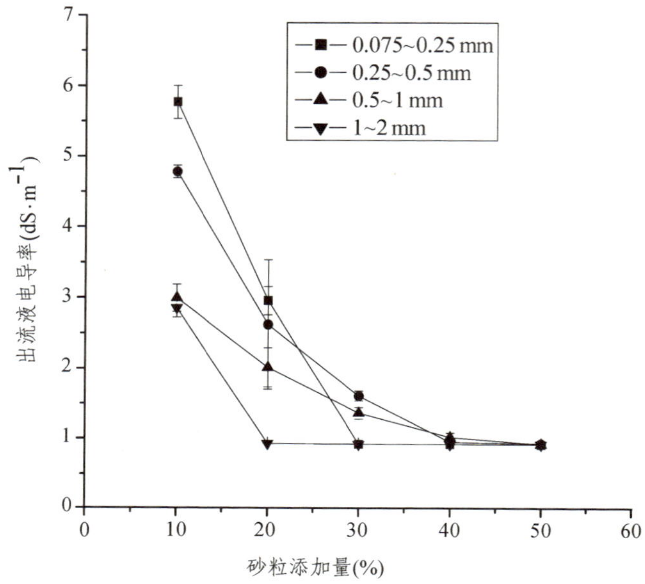

图 6.11　砂粒添加量对苏打盐渍土出流液电导率的影响

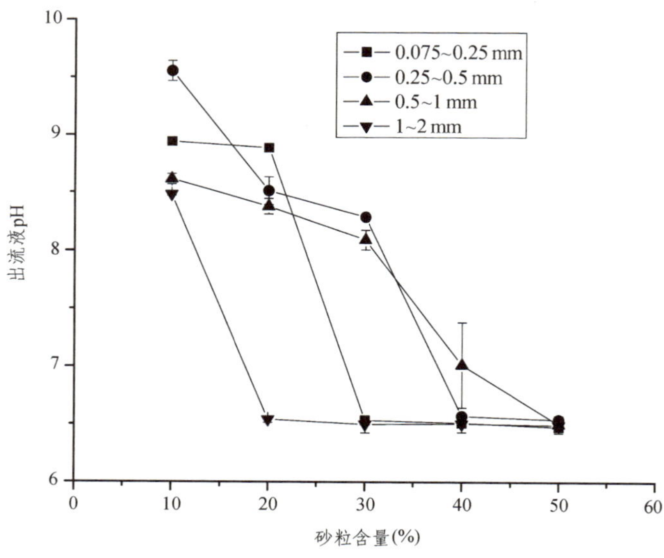

图 6.12　砂粒添加量对苏打盐渍土出流液 pH 的影响

由图 6.11 可知，出流液 *EC* 与砂粒添加量间存在很好的相关性。根据曲线形状，可以进行指数拟合，即

$$EC = A + Be^{Cx}$$

式中 *EC*——出流液电导率（ds · m^{-1}）；

x——砂粒质量百分含量（%）；

A，*B*，*C*，——拟合参数。

参数拟合结果见表 6.12。显著性检验表明，方程具有显著统计学意义（$p < 0.05$）。因此，指数方程可以反映出流液 *EC* 与砂粒添加量之间的关系。

表 6.12 一定粒级下不同砂粒添加量对盐渍土出流液电导率影响的参数拟合结果

拟合参数	0.075 ~ 0.25 mm	0.25 ~ 0.5 mm	0.5 ~ 1.0 mm	1.0 ~ 2.0 mm
A	0.597	0.642	0.649	0.924
B	13.374	8.764	4.204	-98.442
C	-0.099	-0.075	-0.058	-0.555
r^2	0.960	0.995	0.996	0.999

（2）砂粒粒径对出流液 *EC* 和 pH 的影响

砂粒粒径对出流液 *EC* 和 pH 的影响如图 6.13 所示。由图可见，在不同的砂粒添加量下，出流液 *EC* 和 pH 都随砂粒粒径的增加呈不同的变化趋势。例如，在砂粒添加量为 10% 时，*EC* 随粒径增加而降低；而在砂粒添加量为 30% 时，*EC* 随着砂粒粒径的增加先升高后降低。再如，当砂粒添加量为 20% 时，pH 随砂粒粒径的增加而降低；当砂粒添加量为 40% 时，pH 随粒径的增加先升高后降低。比较 *EC* 和 pH 随粒径增加的变化趋势可以发现，除 10% 添加量外，在其他砂粒添加量下 *EC* 和 pH 随粒径的变化规律基本一致。

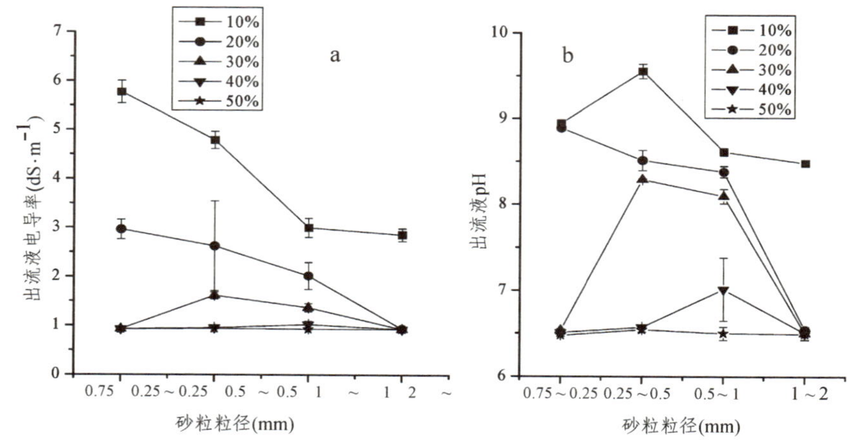

图 6.13　砂粒粒径对苏打盐渍土出流液电导率和 pH 的影响

(三)客土压砂对苏打盐渍土饱和导水率和盐分淋洗的影响

1. 客土对苏打盐渍土饱和导水率的影响

砂土和黑土对苏打盐渍土饱和导水率的影响如图 6.14 所示。由图可见，随砂土和黑土添加量逐渐增加，苏打盐渍土饱和导水率不断提高。而且，回归分析表明，客土添加量与土壤饱和导水率间具有极显著的相关性（$p<0.01$）。

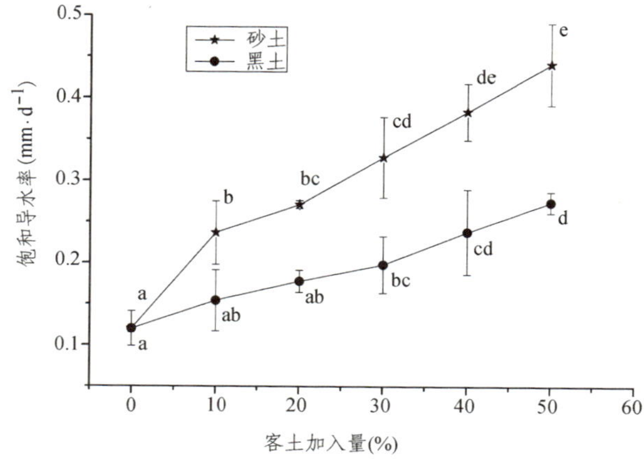

图 6.14　客土对苏打盐渍土饱和导水率的影响

根据曲线形状，可将其拟合成直线方程，即

$$y = a + bx$$

式中 y——饱和导水率（$mm \cdot d^{-1}$）；

x——客土质量百分含量（%）；

a，b——拟合系数。

参数拟合结果见表6.13。经显著性检验，两方程均具有极显著统计学意义（$p<0.001$）。因此，直线方程可以反映苏打盐渍土饱和导水率随客土用量增减的变化特征。

表6.13 客土添加量与苏打盐渍土饱和导水率间直线关系的参数拟合结果

拟合参数	砂土	黑土
a	0.148	0.121
b	0.596	0.293
r^2	0.976	0.988

表6.13中，a值为不加客土时苏打盐渍土的饱和导水率，即实验中对照的饱和导水率。本文中对照饱和导水率为0.12 $mm \cdot d^{-1}$。可见，拟合值与实际情况十分接近。b值表示客土单位增加量对苏打盐渍土饱和导水率的影响程度。砂土处理的b值约为黑土处理b值的2倍。这表明在客土添加量相等时，砂土处理提高土壤饱和导水率的效果约为黑土处理的2倍，或者砂土添加量仅为黑土一半时就可达到黑土改善盐渍土饱和导水率的效果。例如，实验中50%的黑土添加量使苏打盐渍土饱和导水率提高了125%，而砂土添加量仅为20%就可达到这一效果。

苏打盐渍土中存在大量Na^+离子，致使土壤团聚体不能稳定存在，黏粒高度分散，堵塞大孔隙，饱和导水率降低。砂土中砂粒含量很高，添加到盐渍土中能有效地增加土壤大孔隙数量，从而显高盐渍土饱和导水率；黑土中有机质含量很高，添加到盐渍土中能有效提高土壤团聚体稳定性，进而提高苏打盐渍土饱和导水率。供试土样中，砂土砂粒含量显著高于黑土，这可能是砂土处理改善苏打盐渍土饱和导水率高于黑土处理的主要原因。

2. 客土改良对苏打盐渍土盐分淋洗的影响

砂土和黑土对出流液 *EC* 和 pH 的影响如图 6.15 所示。随砂土或黑土添加量不断增加，出流液 *EC*［见图 6.15（a）］和 pH［见图 6.15（b）］逐渐降低。

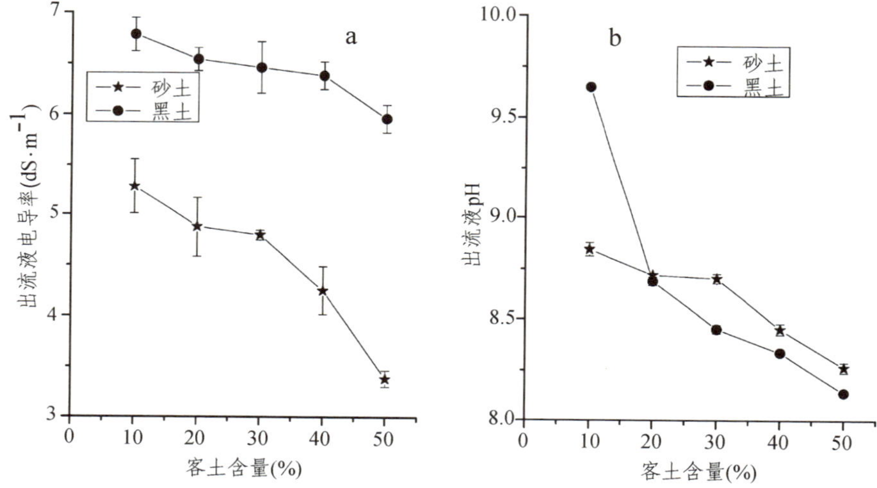

图 6.15　客土含量对出流液电导率和 pH 的影响

由图 6.15 可知，砂土处理出流液的 *EC* 低于黑土处理，黑土处理出流液的 pH 低于砂土处理。土壤浸提液 *EC* 与其盐分浓度显著正相关（USDA，1954），可反映土壤盐分含量（蔡阿兴等，1997；刘广明等，2005）；土壤浸提液的 pH 与总碱度紧密正相关，可反映土壤 HCO_3^- + CO_3^{2-} 含量（Mashhady & Rowell，1978；Van Beek & Van Breemen，1973）。因此，土壤淋洗后砂土处理出流液 *EC* 低于黑土处理，说明其盐分总量低于黑土处理；黑土处理出流液 pH 低于砂土处理说明其 HCO_3^- + CO_3^{2-} 总量低于砂土处理。即砂土处理被淋洗的盐分总量高于黑土处理，黑土处理被淋洗的 HCO_3^- + CO_3^{2-} 总量高于砂土处理。砂土处理的饱和导水率显著高于黑土处理（见图 6.14），这可能是砂土处理盐分淋洗效果高于黑土处理的主要原因；黑土有机质含量一般高于砂土，而有机质能有效促进盐渍土 HCO_3^- 和 CO_3^{2-} 的淋洗（谢承陶等，1993），这可能是黑土处理 $HCO_3^- + CO_3^{2-}$ 淋洗效果强于砂土处理的原因。

（四）施用 PAM 对苏打盐渍土饱和导水率的影响

PAM 对苏打盐渍土饱和导水率的影响如图 6.16 所示。由图可见，PAM 能提高盐渍土饱和导水率，但随着 PAM 施用量逐渐增加，饱和导水率不断降低。而且，统计分析表明，在 PAM 添加量为 0.5% 和 1% 时，其饱和导水率与对照差异不显著（$p > 0.05$）。

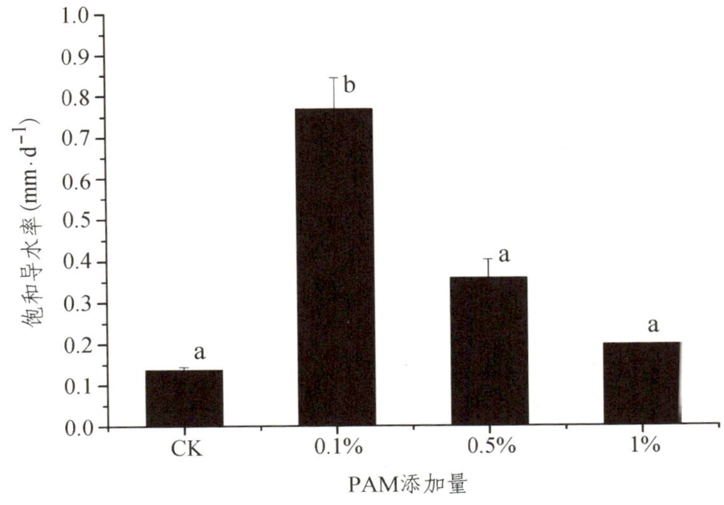

图 6.16　PAM 对苏打盐渍土饱和导水率的影响

（五）盐分淋洗与土壤饱和导水率的关系

1. 降低土壤容重与微咸水灌溉情况下盐分淋洗与饱和导水率的关系

实验 I 中，饱和导水率与出流液 *EC* 和 pH 的关系如图 6.17 和图

6.18 所示。总体趋势为，随着饱和导水率的增加，出流液 EC 和 pH 降低。

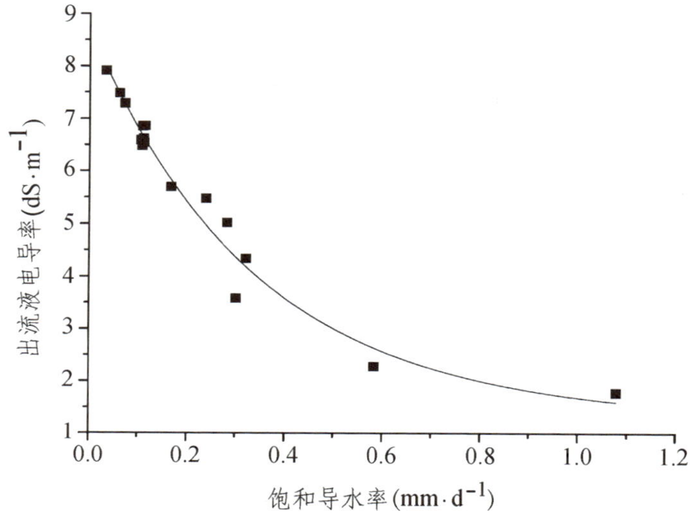

图 6.17　实验 I 中饱和导水率与出流液电导率的关系

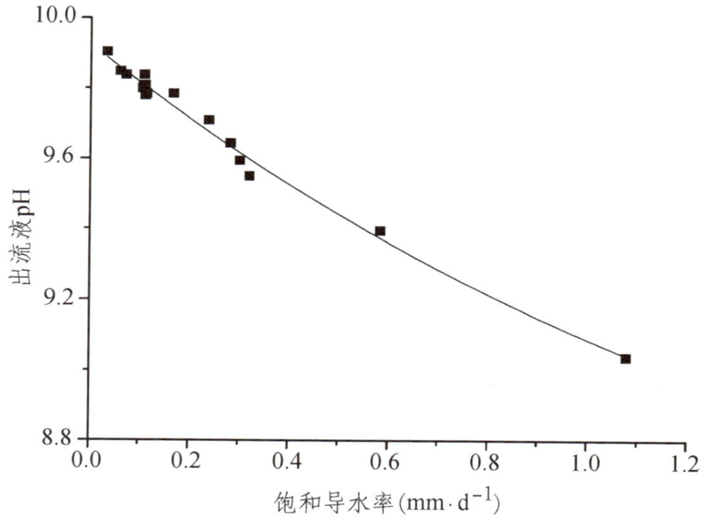

图 6.18　实验 I 中饱和导水率与出流液 pH 的关系

根据曲线形状，可以进行指数方程拟合。EC 与饱和导水率的曲线方程为：

$$EC = 1.31 + 7.38e^{-2.93K_{10}} (n = 16,\ r^2 = 0.966)$$

pH 与饱和导水率的关系方程为：

$$pH = 8.16 + 1.77e^{-0.65K_{10}} (n = 16,\ r^2 = 0.987)$$

上述两方程经检验均具有极显著统计学意义（$p < 0.001$）。

2. 添加砂粒情况下盐分淋洗与饱和导水率的关系

实验Ⅱ中，砂粒添加量相同但粒径不同的情况下，混合样品的盐分含量相同。因此，分析这种情况下饱和导水率与出流液 EC 和 pH 的关系即可得出饱和导水率对盐分淋洗的影响。统计分析表明，出流液 EC 和 pH 均与饱和导水率间存在极显著（$p < 0.01$）负相关性（见表 6.14），二者均随饱和导水率的增加而降低。

表 6.14 实验Ⅱ出流液电导率 EC 和 pH 与饱和导水率的相关关系

砂粒添加量		饱和导水率（K_{10}）	电导率（EC）	pH
10%	饱和导水率 K_{10}	1**		
	电导率 EC	-0.996**	1	
	pH	-0.999**	0.999**	1**
20%	饱和导水率 K_{10}	1**		
	EC	-0.908**	1**	
	pH	-0.835**	0.987**	1**
30%	饱和导水率 K_{10}	1**		
	电导率 EC	-0.884**	1**	
	pH	-0.992**	0.933**	1**
40%	饱和导水率 K_{10}	1**		
	电导率 EC	-0.964**	1**	
	pH	-0.957**	0.972**	1**
50%	饱和导水率 K_{10}	1**		
	电导率 EC	-0.997**	1**	
	pH	-0.990**	0.977	1**

注：** $p < 0.01$。

回归分析表明，出流液 EC 和 pH 与饱和导水率间均可进行非线性方程拟合。出流液 EC 与饱和导水率的关系方程为：

$$EC = mK_{10}{}^{n}$$

式中　EC——出流液电导率（$dS \cdot m^{-1}$）；

K_{10}——饱和导水率（$mm \cdot d^{-1}$）；

m、n——拟合参数。

参数拟合结果见表6.15。显著性检验表明，方程均具有显著统计学意义（$p<0.001$）。

表6.15　实验Ⅱ出流液电导率与饱和导水率间幂函数关系参数拟合结果

参数	不同粒径添加量下的拟合参数数值				
	10%	20%	30%	40%	50%
m	0.596 2	1.881 6	1.901 1	1.272 2	1.035 6
n	-1.493 1	-0.327 3	-0.232 6	-0.073 6	-0.021 4
r^2	0.989 5	0.963 7	0.958 4	0.949 5	0.963 9
p	<0.001	<0.001	<0.001	<0.001	<0.001

pH 与饱和导水率的关系方程为：

$$pH = jK_{10}{}^{h}$$

式中　pH——出流液的 pH（$dS \cdot m^{-1}$）；

K_{10}——饱和导水率（$mm \cdot d^{-1}$）；

j、h——拟合参数。

拟合结果见表6.16。显著性检验表明，方程均具有显著统计学意义（$p<0.001$）。

表 6.16　实验 II 出流液 pH 与饱和导水率间幂函数关系参数拟合结果

参数	不同粒径添加量下的拟合参数数值				
	10%	20%	30%	40%	50%
j	6.200	8.199	9.081	8.611	11.274
h	−0.300	−0.041	−0.094	−0.066	−0.110
r^2	0.987	0.799	0.957	0.973	0.999
p	<0.001	<0.001	<0.001	<0.001	<0.001

3. 客土条件下土壤饱和导水率与盐分淋洗关系

实验Ⅲ中，饱和导水率与出流液 EC 和 pH 的关系如图 6.19 所示。总体趋势为，随着饱和导水率的增加，出流液 EC 和 pH 降低。根据曲线形状，出流液 EC 与饱和导水率间可进行直线拟合，其方程为：

$$EC = -12.749K_{10} + 8.993 \ (r^2 = 0.925)$$

出流液 pH 与饱和导水率的非线性方程为：

$$\text{pH} = 7.133K_{10}^{-0.1427} \ (r^2 = 0.593)$$

显著性检验表明，方程均具有显著统计学意义（$p < 0.001$）。

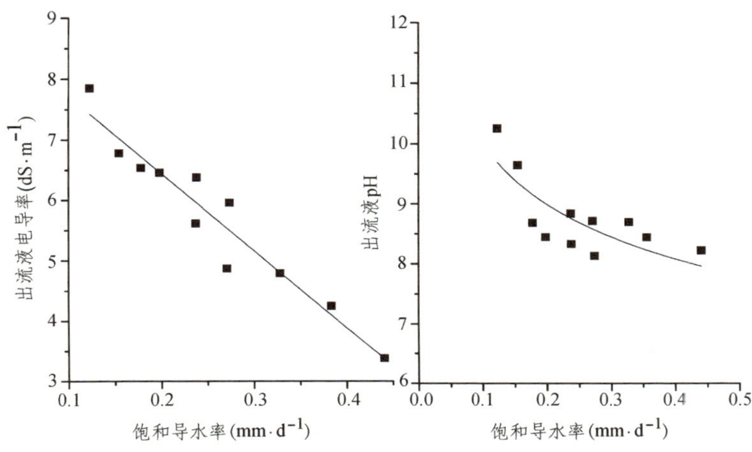

图 6.19　实验Ⅲ饱和导水率与出流液电导率和 pH 的关系

4. 施用 PAM 盐分淋洗与饱和导水率的关系

实验Ⅳ中，出流液 *EC* 和 pH 与饱和导水率的关系如图 6.20 所示。由图可见，出流液 *EC* 和 pH 随饱和导水率的增加而降低。而且，出流液 *EC* 和 pH 与饱和导水率间均成幂函数关系。出流液 *EC* 与饱和导水率间的拟合方程为：

$$EC = 8.1823K_{10}^{-0.0393}(r^2 = 0.991,\ p < 0.001)$$

出流液 pH 与饱和导水率的拟合方程为：

$$\mathrm{pH} = 10.317K_{10}^{-0.0116}(r^2 = 0.909,\ \mathrm{p} < 0.001)$$

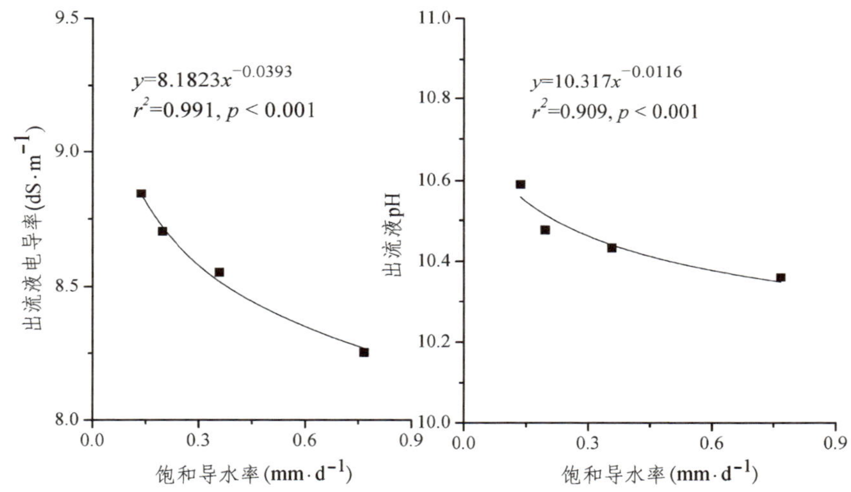

图 6.20 饱和导水率与盐分淋洗的关系

三、结论与讨论

在 4 个试验中，苏打盐渍土稳定出流液 *EC* 和 pH 随土壤饱和导水率的增加而降低，二者与饱和导水率间均呈幂函数关系。因此，苏打盐渍土盐分淋洗效果随饱和导水率的提高而增强。所以，提高土壤通透性是苏打盐渍土改良利用的必要前提之一。

第三节 苏打盐渍土土壤排盐方式选择

已有研究表明，在能够有效改善土壤通透性的情况下，施用化学改良剂或种植耐盐植物等改良措施能够实现土壤盐分的垂直淋洗，成功改良钠质土（Armstong & Tanton, 1992；Oster, 1982；Qadir & Oster, 2002；Qadir & Oster, 2004；Qadir et al., 2007）。但是，如果土壤通透性极差，改良措施不能有效提高底层土壤的导水性能，盐分则很难被淋洗到下层土壤（Ilyas et al., 1993；Qadir et al., 1998；Qureshi et al., 1992）。如果垂直淋洗无法将土壤盐分有效淋洗到下层土壤，那么必须通过地表径流的方式将溶于水中的盐分排出土壤，这种盐分淋洗方式称为水平冲洗（Nayak et al., 2008；Qadir et al., 1998）。

苏打盐渍土由于含有大量的交换性 Na^+，土壤 *ESP* 很高，致使土壤胶体呈高度分散状态，地表湿时泥泞，干时收缩板结坚硬，常在土壤表层形成结皮或结壳，在土壤底层形成棱柱状或柱状构造的碱化层，导致土壤物理性质极度恶化，土壤通透性极差。这种情况下，仅在表层土壤添加化学改良剂（如磷石膏）能否有效促进盐分垂直淋洗值得深入研究。

本研究以松嫩平原典型苏打盐渍土为对象，对其盐分垂直淋洗的可行性进行分析，研究应用水量和冲洗次数对盐分水平冲洗效果和效率的影响，旨在为苏打盐渍土水盐平衡和水盐调控提供科学依据，为该区苏打盐渍土改良利用提供理论支持和借鉴。

一、材料与方法

(一)实验设计

1. 盐分垂直淋洗实验

(1) 供试土样

供试土样采自中国科学院大安碱地生态试验站（N45°35′58″—N45°36′28″, E123°50′27″—123°51′31″）。采样地点为典型的碱斑地，俗称光板地。取样深度为0～15 cm，15～30cm。取扰动土带回室内，自然风干，过2 mm筛，备用。采用吸管法对土壤颗粒进行分析，根据国际土壤质地制分类标准，供试土样为黏土。配制土水比1∶5浸提液，测定土壤电导率（*EC*）、pH和Na^+、$Ca^{2+}+Mg^{2+}$浓度。钠吸附比（*SAR*）采用公式计算：

$$SAR = C_{Na^+} \sqrt{C_{(Ca^{2+}+Mg^{2+})}}$$

式中 SAR——钠吸附比（$mmol_c \cdot L^{-1}$）$^{1/2}$。其中，Na^+浓度采用火焰光度法测定；$Ca^{2+}+Mg^{2+}$浓度采用EDTA滴定法测定。阳离子交换量采用氯化铵-乙酸铵法测定；交换性Na^+含量采用乙酸铵-氢氧化铵-火焰光度法测定。碱化度（*ESP*）由计算求得，即

$$ESP = 100 \times E_{Na}/CEC$$

式中 E_{Na}——交换性Na^+（$cmol \cdot kg^{-1}$）；

CEC——阳离子交换量（$cmol \cdot kg^{-1}$）。

土壤基本理化性质数据见表6.17。

表 6.17 土壤基本理化性质

参数	土层深度 cm	
	0 ~ 15	15 ~ 30
砂粒	23.26	24.58
粉粒	39.14	35.45
黏粒	37.60	39.97
容重（$g \cdot cm^{-3}$）	1.42	1.54
电导率[①]（$dS \cdot m^{-1}$）	2.62	2.77
钠吸附比[①]（$mmol_c \cdot L^{-1}$）$^{1/2}$	39.78	37.72
碱化度%	73.27	77.71
pH[①]	10.42	10.49

注：①土水比1∶5浸提液，下同。

（2）实验处理

采用壁厚为 0.5 cm 的有机玻璃柱作为土壤填装容器，其内径 5 cm，高 40 cm，底部为厚 0.5 cm 的有机玻璃板，并均匀分布内径 0.2 cm 的细孔。在距底部 10 cm 和 20 cm 处留有直径 2 cm 的取样孔。土柱填装高度为 30 cm，其中底层 15 cm 添加表 6.17 中 15 ~ 30 cm 土层土样，按田间原状土容重 1.54 $g \cdot cm^{-3}$分层（5 cm）称重填装；上层 15 cm 添加表 6.17 中 0 ~ 15 cm 土层土样，土样与磷石膏充分混合后按田间扰动土容重 1.30 $g \cdot cm^{-3}$分层（5cm）称重填装，磷石膏添加量分别为 0% *GR*、25% *GR*、50% *GR* 和 100% *GR*。采用三角瓶承接出流液，每天测定一次出流液体积，计算入渗速率，入渗速率稳定后停止实验。实验结束后，从取样孔取土，自然风干。制备土水比 1∶5浸提液，测定 *EC*、pH 和 *SAR*。

饱和浸提液电导率（EC_e）和钠吸附比（SAR_e）采用下面公式换算：

$$EC_e \approx 11.00 EC_{1:5}$$

$$SAR_e \approx 13.00 SAR_{1:5}$$

（3）磷石膏添加量

实验中磷石膏添加量由石膏需求量（*GR*）计算求得（Mace et al.，1997）：

$$GR = 1.25 \times CEC \times (ESP_i - ESP_f) \times 10^{-4}$$

式中 *GR*——石膏需求量（$mol \cdot kg^{-1}$）；

CEC——阳离子交换量（$cmol_c \cdot kg^{-1}$）；

ESP_i——土壤初始碱化度；

ESP_f——目标碱化度，本实验中为15。

实验中石膏需求量为100% *GR*。实验所用磷石膏为辽宁黑山化肥厂的工业副产品，其石膏质量含量为56%。经计算，实验土样100% *GR* 的磷石膏添加量约为30.0 $g \cdot kg^{-1}$。

2. 盐分水平冲洗实验

（1）供试土样

供试土样采自中国科学院大安碱地生态试验站（N45°35′58″—45°36′28″，E123°50′27″—123°51′31″），采样点为典型的碱斑地，俗称光板地。取样深度为0 ~ 20 cm。土样自然风干，过1 cm筛。采用吸管法对土壤颗粒进行分析，其砂粒含量为33.75%，粉粒含量为35.79%，黏粒含量为30.46%，根据国际土壤颗粒质地分类标准，供试土样为黏土。土水比1∶5浸提液的电导率（$EC_{1:5}$）为3.39 $dS \cdot m^{-1}$，钠吸附比（$SAR_{1:5}$）为98.27（$mmol_c \cdot L^{-1}$）$^{1/2}$，pH为9.51。土壤饱和含水量为：501.7g · kg^{-1}。

（2）实验处理

将土壤装入高30 cm、直径25 cm的黑色塑料桶中，每桶装土8 kg，土层高度约为12 cm（土壤容重约为：1.36 $g \cdot cm^{-3}$）。将土样分成两组，CK 组和 T 组。在 T 组中每桶内加入磷石膏，添加量为 30 g · kg^{-1}。然后所有桶内都加入 4 kg 的第四系承压水（EC = 0.92 dS · m^{-1}，pH = 7.23），使土壤达到饱和状态。而后再向各桶分别加水 1L、2L、3L、4L、5L，相对应的水层高度约为 2 cm、4 cm、6 cm、8 cm、10 cm，即 5 个应用水量，两组内对应的处理编号分别为：CK_1、CK_2、CK_3、CK_4、CK_5和 T_1、T_2、T_3、T_4、T_5。每个处理重复 3 次。土壤与水充分搅拌，静止 24 h，取水样和土样用于化学性质测定，然后排出桶内水层水分，即完成一次冲洗。共冲洗 3 次。

（3）化学性质测定

水样仪测定电导率，采用 DDS-307 型电导率仪（上海精密仪器厂）测定；土样烘干后，配制土水比1∶5浸提液，测定其电导率，Na^+、Ca^{2+}、Mg^{2+}浓度（原子吸收法）。SAR 采用下面公式计算：

$$SAR = C_{Na^+} \sqrt{C_{(Ca^{2+}+Mg^{2+})}/2}$$

式中，Na^+、Ca^{2+}、Mg^{2+} 浓度单位均为 $mmol_c \cdot L^{-1}$；SAR 单位为 $(mmol_c \cdot L^{-1})^{1/2}$。

（二）盐分淋洗总量

盐分冲洗总量用被淋洗的土壤可溶性盐总量（TSS）表示，其计算公式为：

$$TSS = 800 \times EC_d \times V_d \times 10^{-3} \quad (EC_d > 5.00 dS \cdot m^{-1})$$

$$TSS = 640 \times EC_d \times V_d \times 10^{-3} \quad (EC_d \leqslant 5.00 dS \cdot m^{-1})$$

$$Na = 23 \times C_{Na} \times V_d \times 10^{-3}$$

式中 TSS——土壤被淋洗的可溶性盐总量（mg）；

EC_d——排水的电导率（dS · m^{-1}）；

EC_i——灌溉水的电导率（$dS \cdot m^{-1}$）；

V——排水体积（L）。

(三)盐分冲洗效率

土壤盐分冲洗效率（K）是指单位体积的应用水量排出的可溶性盐数量。其计算公式为：

$$K = (800 \times EC_d - 640 \times EC_i) \times 10^{-3} \quad (EC_d > 5\ dS \cdot m^{-1})$$

$$K = 640 \times (EC_d - EC_i) \times 10^{-3} \quad (0 < EC_d \leqslant 5\ dS \cdot m^{-1})$$

式中　K——土壤盐分冲洗效率（$g \cdot L^{-1}$）；

EC_d——排水的电导率（$dS \cdot m^{-1}$）；

EC_i——灌溉水的电导率（$dS \cdot m^{-1}$）。

二、结果与分析

(一)苏打盐渍土盐分垂直淋洗的可行性分析

1. 土壤盐分淋洗总量

由表6.18可知，在表层土壤施用磷石膏促进了盐分的淋洗。试验完后，被淋洗出土体的Na^+总量和可溶性盐总量均随石膏施用量的增加而增加。

表6.18　磷石膏对盐分淋洗的影响

实验处理	淋洗的Na^+总量（g）	淋洗的可溶性盐总量（g）
对照	0.00d	0.00d
25% *GR*	0.69c	2.63c
50% *GR*	1.44bc	5.16b
100% *GR*	2.37a	10.04a

注：同列不同小写字母表示处理间差异显著（$p < 0.05$），下同。

2. 土壤稳定入渗速率

在盐分淋洗实验中，在 0 ~ 15 cm 土壤层添加磷石膏，而 15 ~ 30 cm土层不添加磷石膏的情况下，尽管添加磷石膏处理显著提高了土壤的初始入渗速率，但各处理的稳定入渗速率均为 0.0 mm · h^{-1}，如图 6.21 所示。

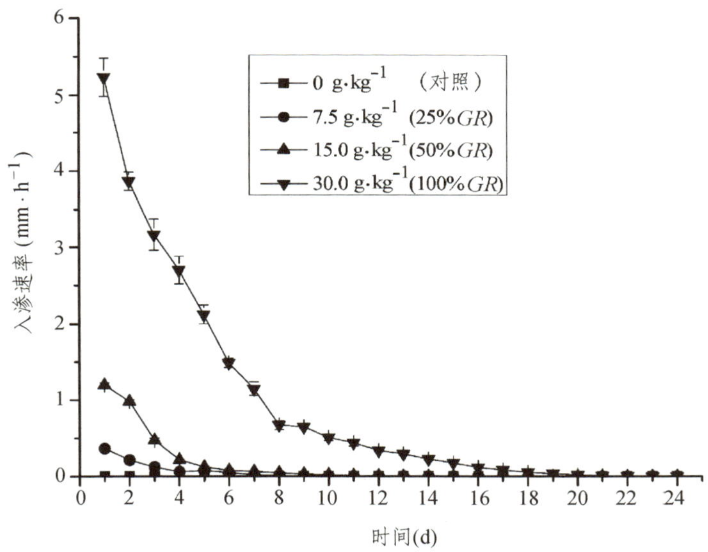

图 6.21 土壤盐分淋洗实验入渗速率

3. 实验结束后的土壤 EC_e 和 SAR_e

实验结束后各处理土壤 EC_e 和 SAR_e 数据见表 6.19。由表可知，25% GR、50% GR 和 100% GR 三个处理最终的土壤 EC_e 分别为 27.30 dS · m^{-1}、26.39 dS · m^{-1}和 23.62 dS · m^{-1}，尽管三者的数值均低于对照的 27.90 dS · m^{-1}，但远远大于国际上公认的盐土判断阈值 EC_e = 4.0 dS · m^{-1}，并且显著高于几乎使所用农作物都绝产的极度盐土的阈值 EC_e = 16.0 dS · m^{-1}。之所以产生这样的结果，是因为尽管土壤初始入渗速率的提高促进了盐分的淋洗，但最终稳定速率均为 0.0 $mm \cdot h^{-1}$，以至于盐分淋洗经历一段时间后发生终止，土壤中仅有部分盐分被淋溶出土体。因此，在底层土壤通透性得不到有效改善的情况下，仅在表层施用化学改良剂，无法达到改土效果。

表 6.19　土壤盐分淋洗实验结束后 10 cm 和 20 cm 深度土壤化学性质

实验处理	钠吸附比① $(mmol_c \cdot L^{-1})^{1/2}$		电导率① $(dS \cdot m^{-1})$	
	10 cm	20 cm	10 cm	20 cm
对照	404.81a	418.15a	27.25a	27.90a
25% *GR*	166.82b	211.10b	26.60ab	27.30ab
50% *GR*	134.19c	166.16c	24.48bc	26.39b
100% *GR*	102.89d	122.89d	23.01c	23.62c

注：①土壤饱和浸提液，下同。

（二）盐分水平冲洗

1. 磷石膏对盐分冲洗效果的影响

各应用水量每次冲洗的土壤可溶性盐总量见表 6.20。由表可见，第一次冲洗时，磷石膏处理的 *TSS* 略高于对照，但二者间差异均无显著性（$p > 0.05$）；第二次冲洗时，各处理 *TSS* 也略高于对照，而且，T_4与 CK_4间差异有显著性（$p < 0.05$），T_5与 CK_5间差异具有极显著意义（$p < 0.01$）；第三次冲洗时，T_1和 T_2处理的 *TSS* 均高于对照，但差异无统计意义（$p > 0.05$），T_3、T_4和 T_5处理的 *TSS* 均低于对照，但 T_4与 CK_4间差异无显著性（$p > 0.05$）。这些结果表明，水平冲洗时，磷石膏对盐渍土盐分冲洗总量的影响与冲洗的应用水量和次数有关，其相互关系较为复杂。

表 6.20　冲洗的土壤可溶性盐总量

冲洗次数	应用水量	可溶性盐总量（g）		
		CK	T	Sig.
第一次	1L	7.35	7.41	ns
	2 L	13.36	13.33	ns
	3 L	19.22	18.99	ns
	4 L	23.39	24.03	ns
	5 L	27.85	29.14	ns
第二次	1L	6.41	6.90	ns
	2 L	10.30	11.89	ns
	3 L	15.07	15.26	ns
	4 L	15.03	18.00	*
	5 L	15.92	20.73	* *
第三次	1L	4.56	5.03	ns
	2 L	7.10	7.67	ns
	3 L	8.86	5.93	*
	4 L	8.94	7.15	ns
	5 L	8.72	5.46	*

注：CK：对照（盐渍土）；T：盐渍土＋磷石膏；Sig：差异显著性；ns：无显著性；* $p<0.05$；* * $p<0.01$，下同。

每次冲洗后土壤的 $EC_{1:5}$ 和 $SAR_{1:5}$ 数据见表 6.21。由表 6.21 可见，各应用水量下，每次冲洗后磷石膏处理的 $EC_{1:5}$ 均高于对照。其原因是磷石膏属可溶性盐，添加到盐渍土后，土壤含盐量增加，而冲洗时又没能将其有效排出土体（见表 6.20），从而导致土壤盐度提高。另外，统计分析发现：第一次冲洗后，T_1 与 CK_1、T_2 与 CK_2、T_5 与 CK_5 间的盐度差异均具有显著意义（$p<0.05$），尤其是 T_1 的 $EC_{1:5}$，其不仅极显著高于 CK_1（$p<0.01$），而且显著高于土壤的初始 $EC_{1:5}$（$p<0.05$），但 T_3 与 CK_3、T_4 与 CK_4 间的盐度差异均无统计意义（$p>0.05$）；第二次和第三次冲洗后，各应用水量下，磷石膏处理与对照间盐度差异均无显著性。这些结果同样说明磷石膏对苏打盐渍土盐分水平冲洗的影响较为复杂，与冲洗应用水量和冲洗次数有关。

施用磷石膏虽然提高了苏打盐渍土的盐度，但其有效降低了土壤的钠质化程度（见表6.21）。由表可见，每次冲洗后，磷石膏处理的$SAR_{1:5}$均低于其对照数值，而且二者的差异均达到极显著（$p<0.01$）统计水平。这是因为磷石膏含有大量可溶性Ca^{2+}，施入盐渍土后置换土壤胶体上的Na^{+}，置换下的Na^{+}被水冲洗出土壤。土壤中Ca^{2+}含量增加，Na^{+}含量降低，$SAR_{1:5}$降低。因此，在水平冲洗过程中施用磷石膏有利于提高苏打盐渍土的改良效果。

表6.21　冲洗后土壤1:5浸提液的电导率（$EC_{1:5}$）和钠吸附比（$SAR_{1:5}$）

冲洗次数	应用水量	电导率（$dS\cdot m^{-1}$）			钠吸附比（$(mmol_c\cdot L^{-1})^{1/2}$）		
		CK	T	Sig.	CK	T	Sig.
第一次	1 L	3.18	3.67	**	41.52	13.03	**
	2 L	2.41	2.74	*	32.11	11.94	**
	3 L	2.34	2.66	ns	28.17	10.92	**
	4 L	1.85	2.37	ns	24.58	8.93	**
	5 L	1.64	2.03	*	21.88	7.92	**
第二次	1 L	2.27	2.36	ns	30.26	9.87	**
	2 L	1.87	2.06	ns	24.93	8.36	**
	3 L	1.72	1.74	ns	23.01	7.24	**
	4 L	1.56	1.62	ns	19.95	6.89	**
	5 L	1.33	1.48	ns	18.12	6.37	**
第三次	1 L	1.83	2.08	ns	25.33	8.18	**
	2 L	1.73	1.82	ns	19.14	7.51	**
	3 L	1.39	1.48	ns	17.96	6.28	**
	4 L	1.26	1.32	ns	15.73	5.89	**
	5 L	1.13	1.30	ns	15.04	5.17	**

2. 应用水量和冲洗次数对盐分冲洗总量的影响

应用水量与 *TSS* 的关系如图 6.22 所示。由图可见，除磷石膏处理的第三次冲洗外，其余各次冲洗时，*TSS* 随应用水量的增加而增加。例如，第一次冲洗时，1 L 与 5 L 应用水量盐分冲洗效果相比较，对照组的 *TSS* 由 7.35 g 增加到 27.85 g（见表 6.20），磷石膏组的 *TSS* 由 7.41 g 增加到 29.14 g（见表 6.20），分别提高了约 278.91% 和 293.25%。分析表明：就对照组而言，第一次冲洗时，各应用水量间盐分冲洗总量差异统计显著（$p<0.05$）；第二次和第三次冲洗时，CK_1 和 CK_2 与其他处理间差异均具有显著意义（$p<0.05$），但 CK_3、CK_4 和 CK_5 间差异均无显著意义（$p<0.05$）；对磷石膏组而言，第一次和第二次冲洗时，各应用水量间 TSS 差异均具有显著意义（$p<0.05$），第三次冲洗时，T_1、T_3、T_5 三处理间 *TSS* 差异无统计意义（$p>0.05$），T_2 和 T_2 间 *TSS* 差异也无显著性（$p>0.05$）（见图 6.22）。因此，应用水量对 *TSS* 的影响随冲洗次数的增加而有所差异。

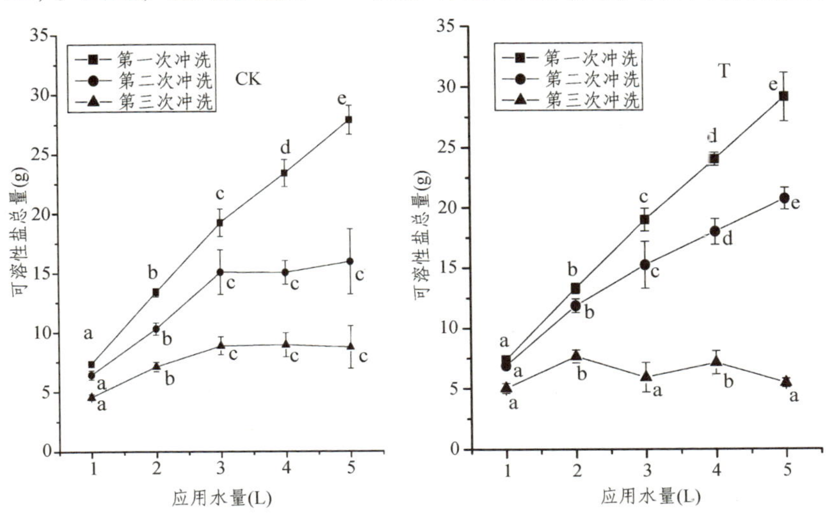

图 6.22 应用水量对盐分冲洗总量的影响

3. 应用水量与盐分冲洗效率的关系

应用水量与 *K* 的关系如图 6.23 所示。由图可见，*K* 值随应用水量的增加而降低。

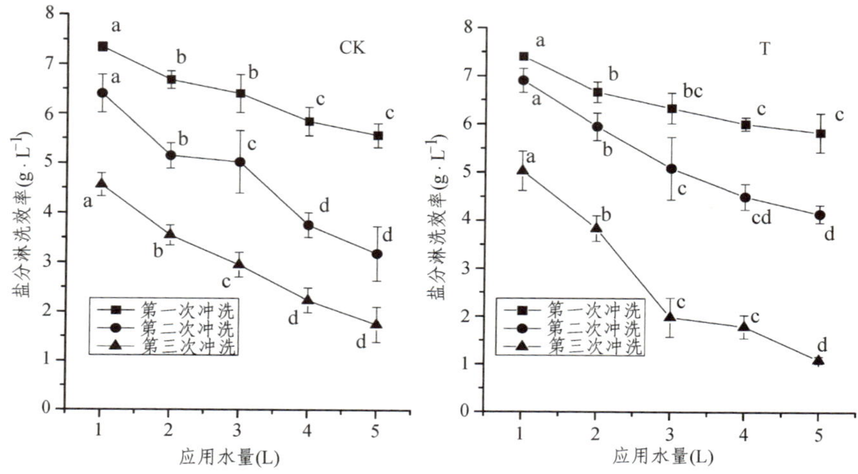

图 6.23　应用水量对盐分冲洗效率（*K*）的影响

根据曲线形状，盐分冲洗效率（*K*）与应用水量（*V*）间可进行幂函数拟合，其曲线方程为：

$$K = aV^b$$

式中　K——盐分冲洗效率（$g \cdot L^{-1}$）；

V——应用水量（L）；

a、b——拟合参数。

拟合结果见表 6.22。显著性检验表明，方程均具有极显著统计意义（$p<0.01$）。

表 6.22　盐分冲洗效率与应用水量间幂函数关系拟合结果

参数	第一次冲洗		第二次冲洗		第三次冲洗	
	CK	T	CK	T	CK	T
a	7.45	7.41	6.75	7.11	4.93	5.76
b	−0.17	−0.15	−0.41	−0.32	−0.57	−0.93
r^2	0.96	0.99	0.88	0.98	0.93	0.92

4. 冲洗方案选择

在应用水量相同时，可以采用一次性冲洗和少量多次冲洗两种方案对土壤进行灌溉洗盐。土壤盐分冲洗效果是进行选择判断的主要依据之一。本实验对灌溉水总量在 2 L、3 L、4 L 时两种冲洗方案的洗盐效果进行了比较。土壤冲洗后的 $EC_{1:5}$ 和 $SAR_{1:5}$ 数据见表 6.23。由表可见，一次性冲洗的土壤 $EC_{1:5}$ 和 $SAR_{1:5}$ 略高于少量多次冲洗的土壤 $EC_{1:5}$ 和 $SAR_{1:5}$，即后者的洗盐效果略强于前者，但两者间差异无显著性（$p>0.05$）。

表 6.23 不同方案冲洗后土壤盐度和碱度

应用水量（L）	冲洗方案	电导率（$dS \cdot m^{-1}$）		钠吸附比（$(mmol_c \cdot L^{-1})^{1/2}$）	
		CK	T	CK	T
2	1L×2	2.27	2.36	30.26	9.87
	2 L×1	2.41	2.74	32.11	11.94
	Sig.	ns	ns	ns	ns
3	1L×3	1.83	2.08	25.33	8.18
	3 L×1	2.34	2.66	28.17	10.92
	Sig.	ns	ns	ns	ns
4	2 L×2	1.87	2.06	24.93	8.36
	4 L×1	1.85	2.37	24.58	8.93
	Sig.	ns	ns	ns	ns

在生产实践中，若想获得更好的改良效果，应选择少量多次的冲洗方案，但其农事操作次数和成本可能要高于一次性冲洗方案；如果从节省成本的角度出发，应选择一次性冲洗方式，因为两种方案的最终效果差异并不大。

三、结论与讨论

土柱模拟试验结果表明：松嫩平原苏打盐渍土的通透性极差，仅在表层土壤添加改良剂的情况下，底层土壤通透性无法得到有效提高，仅有部分土壤盐分可同过垂直淋洗的方式排出土壤根层，土壤最终的盐度仍然很高，无法达到作物正常生长的要求。因此，该区苏打盐渍土土壤排盐的有效方式应该是水平冲洗。

水平冲洗能够冲洗土壤盐分，降低苏打盐渍土的盐度和钠质化程度，添加磷石膏后再进行水平冲洗，与未加磷石膏的对照相比，土壤钠吸附比显著降低，但盐度略有增加；土壤盐分冲洗总量随应用水量的增加而增加，但盐分冲洗效率随应用水量的增加而降低，且两者间呈幂函数关系；在应用水量相同时，一次性冲洗与少量多次性冲洗的洗盐效果无显著性差异。

第四节　植物改良

植物改良是指种植耐（抗）盐植物改良盐渍土的方法。植物改良具有以下几方面的优点（Qadir and Oster，2004）：

（1）无需购买化学改良剂，大大降低了成本；

（2）种植耐盐植物带来的经济效益；

（3）提高土壤中水稳性大团聚体水量，增加大孔隙含量，改善土壤的水力学性质；

（4）提高土壤矿质营养的有效性；

（5）改良土层的厚度更深，效果更好；

（6）固定土壤中的有机碳，具有良好的环境效益。

因此，在条件允许的情况下，应该尽量选择种植耐盐植物的方式改良盐渍土。

植物改良盐渍土的机制包括以下具体内容：

（1）植物根系呼吸产生大量 CO_2，CO_2溶解于土壤溶液形成 H_2CO_3，H_2CO_3的积累可以促进难溶性 $CaCO_3$的溶解，进而提高土壤溶液中的 Ca^{2+}浓度；

（2）根系分泌的酸性物质促进 $CaCO_3$的溶解；

（3）Ca^{2+}置换土壤胶体上的 Na^+；

（4）作物根系的生长延伸改善土壤的通透性能；

（5）置换下的 Na^+被灌溉水淋洗出；

（6）作物吸收盐分或 Na^+，收获后移出土壤。

应用植物改良的基本前提是盐渍土必须为钙质土壤，即土壤中含有大量的 $CaCO_3$。因为只有这样才能提供充足的内部钙源，以便其转化为游离性的 Ca^{2+}后置换土壤胶体上的 Na^+。松嫩平原苏打盐渍土的 $CaCO_3$含量很高，以典型的碱斑地为例，其 0 ~ 20 cm 土层 $CaCO_3$质量百分数可以达到 16.31%。这为该区盐渍土的植物改良提供了可能性。

我国目前有 200 余盐生植物具有不同程度的经济价值（赵可夫等，2001）。当前在松嫩平原苏打盐渍土地区常见的经济型盐生植物包括：碱篷（*Suaeda salsa*）、罗布麻（*Apocynum venetum L*）、甘草（*Glycyrrhiza uralensis Fisch*）、星星草（*Puccinellia tenuiflora*）等。研究和推广经济型盐生植物的人工种植和栽培技术对松嫩平原苏打盐渍土的改良利用具有重要意义。本书研究了微垄栽培方式下，种植星星草（Puccinellia tenuiflora）改良苏打盐渍土的效果，旨在为松嫩平原苏打盐渍土的植物改良研究提供借鉴。

一、材料与方法

（一）实验地点

实验地点位于中国科学院大安碱地生态试验站（N45°35′58″—N45°36′28″, E123°50′27″—123°51′31″），为典型的碱斑地。土壤机械组成中，砂粒、粉粒、黏粒的含量分别为33.06%、19.90%、47.04%。土水比1∶5浸提液的电导率（$EC_{1:5}$）、pH（$pH_{1:5}$）、钠吸附比（$SAR_{1:5}$）分别为1.38 $dS \cdot m^{-1}$、10.38、15.69 $(mmol_c \cdot L^{-1})^{1/2}$。

（二）实验设计

实验于2003年开始实施。采用重型缺口耙耙地3遍，耙后拖平，机械起垄。垄的标准为：垄台高20 cm，垄距30 cm。为方便灌溉，将田块划分成宽12 m，长25 m的长方形地块。选择无风天播种星星草（*Puccinellia tenuiflora*），播种方式为撒播。播种量为20～30 $kg \cdot hm^{-2}$。播种后轻镇压。镇压过程中，垄峰土壤向垄侧滑落，使种子与土壤混合，形成覆土，星星草种子覆土厚度为0.5～1.5 cm。出苗前灌溉，水量以充满微垄垄台高的2/3、浸透垄台为标准。出苗后遇旱适当补水即可，保持干湿交替，促进幼苗生长。2次重复。对照地块不播种星星草，其他管理措施与播种星星草处理相同。

（三）测试指标与方法

分别于2005年和2007年对实验地块的植被类型、株高和盖度进行了调查。取土（0～20cm）测定1∶5浸提液的 *EC*、pH、Na^{+}、Ca^{2+}、Mg^{2+}浓度。

土壤浸提液电导率采用 DDS-307 型电导率仪（上海雷磁科学仪器厂）测定；pH 用 PHS-3B 型便携式 pH 计（上海雷磁科学仪器厂）测定。Na^{+}浓度采用火焰光度法测定，Ca^{2+}和 Mg^{2+}浓度采用滴定法测定。

钠吸附比（*SAR*）采用公式计算：

$$SAR = C_{Na^{+}} \sqrt{C_{(Ca^{2+}+Mg^{2+})}/2}$$

式中，Na^{+}、Ca^{2+}、Mg^{2+}浓度单位为 $mmol_c \cdot L^{-1}$。

水稳性团聚体的测定参照《土壤理化分析与剖面描述》（刘光崧，1996）中的测定方法，土壤饱和导水率采用南京土壤仪器厂生产的 TST－55A 型渗透率仪测定。

饱和导水率采用达西定律计算，即：

$$K_s = \frac{Q \times L}{A \times t \times H}$$

式中 K_s——饱和导水率（$cm \cdot s^{-1}$）；

Q——渗透量（mL）；

A——渗透横截面面积（cm^2）；

t——渗透时间（s）；

L——土柱长度（cm）；

H——水头高度（cm）。

为了消除温度的影响，将测定的饱和导水率换算成10℃下的饱和导水率：

$$K_{10} = \frac{K_s}{0.7 + 0.03T}$$

式中 K_s——某一水温下的饱和导水率（$cm \cdot s^{-1}$）；

K_{10}——10℃时的饱和导水率（$cm \cdot s^{-1}$）；

T——水的温度（℃）。

二、结果与分析

(一)植被状况

2005年，星星草的高度为38.5 cm，盖度为85%（见表6.24）。对照地块生长出碱篷，这可能是灌溉改善土壤水分状况所致。对照地块2005年的盖度为20%，碱篷株高为10.5 cm（见表6.24）。2007年，星星草地块的植被盖度增加到90%，株高为47.5 cm，对照处理的指标盖度增加到30%，碱篷株高仍为10.5 cm（见表6.24）。

表6.24 植物改良对苏打盐渍土植被状况的影响

处理	年份	植被类型	盖度（%）	株高（cm）
实验前	2003	无植被	—	—
对照	2005	碱篷	20	85
植物改良		星星草	10.5	38.5
对照	2007	碱篷	30	10.8
植物改良		星星草	90	47.5

(二)土壤化学性质

由表6.25可知，种植星星草后苏打盐渍土的化学性质得到明显改善。与对照处理和实验前相比，土壤1:5浸提液 *EC* 、pH、*SAR* 明显降低，而其，随着星星草生长年限的增加，三者均呈现下降趋势。对照地块2005年和2007年的土壤 *EC* 、pH、*SAR* 高于实验前（2003年）土壤的 *EC* 、pH、*SAR* ，但pH变化很小。

表 6.25 植物改良对苏打盐渍土化学性质的影响

处理	年份	电导率①（$dS \cdot m^{-1}$）	pH①	钠吸附比①（$mmol_c \cdot L^{-1}$）$^{1/2}$
实验前	2003	1.38	10.28	15.6
对照	2005	1.56	10.33	16.13
植物改良	2005	1.24	10.15	10.37
对照	2007	1.64	10.31	16.22
植物改良	2007	1.14	10.10	10.16

注：①土水比1∶5浸提液。

(三)土壤物理性质

2007 年时，星星草地块土壤的水稳性大团聚体（> 0.25 mm）含量为2.2%，饱和导水率为0.29 $mm \cdot d^{-1}$，对照地块二者的数值分别为0.14%和0.08 $mm \cdot d^{-1}$。这说明土壤的物理性质有所改善。

三、结论与讨论

苏打盐渍土种植星星草后植被盖度明显增加，土壤盐渍化程度随时间的增长呈现降低的趋势，其原因是植被盖度的增加抑制了土壤蒸发，进而减弱了盐分在地表的集聚作用，同时，星星草根系的生长改善了土壤通透性，从而促进了盐分淋洗。

第五节 增施有机肥料

有机物料对苏打盐渍土的改良效果十分明显（石元亮等，1989；王波等，2005；王春裕，2004）。尤其是在盐渍土上增施人粪尿、家畜粪尿、厩肥、堆肥、沤肥等农家肥，能提供养分，改善盐渍土的供水、供肥、保温等能力（王春裕，2004）。本书以牛粪为对象，研究了农家肥对新开垦盐渍化荒地的改良效果以及对水稻的增产作用。

一、材料与方法

（一）实验地点

实验于 2008. 5 ~ 2009. 10 在中国科学院大安碱地生态试验站（N45°35′58″—N45°36′28″，E123°50′27″—123°51′31″）进行。实验地为新开垦的盐渍化荒地，土壤基本化学性质见表 6. 26。

表 6. 26　土壤基本化学性质

土层	电导率①（$dS \cdot m^{-1}$）	$pH_1$①	钠吸附比①（$(mmol_c \cdot L^{-1})^{1/2}$）
0 ~ 10	0. 56	9. 74	9. 44
10 ~ 30	0. 55	9. 65	9. 11
30 ~ 60	0. 71	9. 76	12. 59

注：①土水比1∶5浸提液，下同。

（二）试验设计

采用单因素完全随机试验设计。试验处理为农家肥，用量为 $20\ t \cdot ha^{-1}$。试验小区面积为 500 m^2。将农家肥均匀撒于土壤表面，旋耕，使之与 0 ~ 20 cm 土壤充分混合。2 次重复。试验中化肥（复合肥）以底肥的形式一次性施入，用量为 700 $kg \cdot ha^{-1}$（N：252 $kg \cdot ha^{-1}$，P_2O_5：196$kg \cdot ha^{-1}$，K_2O：196 $kg \cdot ha^{-1}$）。

（三）测定指标

水稻成熟后测定其株高、产量、产量构成要素，取土测定1∶5浸提液的电导率（$EC_{1:5}$）和 pH（$pH_{1:5}$）。EC 采用 DDS-307 型电导率仪（上海精密仪器厂）测定；pH 用 PHS-3B 型 pH 计（上海雷磁科学仪器厂）测定。

二、试验结果

(一) 土壤化学性质

农家肥对苏打盐渍土的改良效果见表 6.27。由表可知，苏打盐渍土施用农家肥后，土壤的 EC 和 pH 呈现逐年下降的趋势，如0 ~ 10 cm 土层的 $EC_{1:5}$ 从试验前的 0.56 dS · m^{-1} 分别降低到0.47 dS · m^{-1}（2008 年）和0.39 dS · m^{-1}（2009 年），$pH_{1:5}$从 9.47 分别降低到 9.13（2008 年）和 8.99（2009 年）。但是，对照处理的 $EC_{1:5}$和 $pH_{1:5}$几乎没有放松变化。统计分析表明：对照处理水稻收获后的土壤 $EC_{1:5}$、$pH_{1:5}$与试验前的土壤 $EC_{1:5}$、$pH_{1:5}$间不存在显著性差异（$p > 0.05$）；就 0 ~ 10 cm土壤而言，农家肥处理的 $EC_{1:5}$、$pH_{1:5}$显著（$p < 0.05$）低于对照；而在 10 ~ 30 cm 土壤，种植水稻一季后农家肥处理的 $EC_{1:5}$、$pH_{1:5}$与对照间无显著性差异（$p > 0.05$），种植水稻两季后农家肥处理的 $EC_{1:5}$、$pH_{1:5}$显著（$p < 0.05$）低于对照。

表 6.27 农家肥对苏打盐渍土化学性质的影响

时间	处理	电导率		pH	
		0 ~ 10 cm	10 ~ 30 cm	0 ~ 10 cm	10 ~ 30 cm
2008 年 5 月	试验前	0.56a	0.55a	9.74a	9.65a
2008 年 10 月	对照	0.56a	0.58a	9.69a	9.67a
	农家肥	0.47b	0.55a	9.13b	9.34ab
2009 年 10 月	对照	0.53a	0.57a	9.67a	9.59a
	农家肥	0.39c	0.46b	8.99c	9.21b

注：同列不同小写字母表示处理间差异显著（$p < 0.05$），下同。

(二)水稻生长与产量

农家肥对水稻生长和产量的影响见表6.28。施用农家肥后，水稻的生长发育得到明显改善。例如，第一季后，水稻的株高从对照的87.7 cm增加到106.2 cm，增加了18.5 cm，第二季后，株高从74.6 cm增加到85.1 cm，提高了10.5 cm。就产量而言，分别从对照的232.97 $g \cdot m^{-2}$（第一季）和53.96 $g \cdot m^{-2}$（第二季）提高到了579.32 $g \cdot m^{-2}$（第一季）和145.93 $g \cdot m^{-2}$（第二季），分别提高了148.67%和170.44%。统计分析表明：农家肥处理水稻产量构成要素的各项数据显著高于对照（$p < 0.05$）。但是，2009年水稻株高、产量及产量构成要素各项指标均低于2008年（见表6.28），这主要是因为2009年遭遇低温冷害。

表6.28　农家肥对水稻生长与产量的影响

年份	处理	株高（cm）	产量（$g \cdot m^{-2}$）	穗 m^{-2}	粒/穗	结实率（%）	千粒重（g）
2008	对照	87.7b	232.97b	195b	89b	77.82b	17.25b
	农家肥	106.2a	579.32 a	280a	112a	89.85a	20.56a
2009	对照	74.6c	53.96d	80d	64d	72.00b	14.64c
	农家肥	85.1b	145.93c	100c	93c	79.53b	19.73a

三、讨论与结论

苏打盐渍土施用农家肥后土壤盐渍化程度逐年降低。两季中，农家肥处理的水稻产量均显著（$p < 0.05$）高于对照。这与以往研究（王春裕等，2004）相一致。增施农家肥能够改良苏打盐渍土的原因可能包括以下几方面：

（1）土壤物理性质得到改善，促进了根系生长与盐分淋洗；

（2）有机质分解与根系呼吸作用产生 CO_2，CO_2 与水作用形成碳酸，碳酸对 pH 产生直接作用，降低土壤 pH；

（3）碳酸与土壤中的碳酸钙反应，产生 Ca^{2+}，Ca^{2+} 置换土壤交换性 Na^+，Na^+ 随灌溉冲洗排出土壤。

第六节　水利工程措施

水利工程措施是改良利用盐渍土极为重要且不可替代的保障性措施。如前所述，改良利用松嫩平原苏打盐渍土首先必须排出土壤盐分，以解除土壤的渗透胁迫。而苏打盐渍土的物理性质极差，土壤导水性能极低，因此应选择水平冲洗的方式排出土壤盐分。因此，松嫩平原苏打盐渍土的改良利用过程中，必须建立科学有效、系统完善的灌溉与排水工程措施。目前，正在建设的松原、镇赉、大安三大灌区水利工程，为该区的盐渍土改良利用提供了保证措施。

第七节　覆盖防止土壤返盐

松嫩平原苏打盐渍土在秋季、冬季和春季的返盐现象十分严重（吴英，1997；张殿发和王世杰，2000）。如何有效抑制土壤返盐是松嫩平原苏打盐渍土改良利用过程中必须解决的关键性问题之一。本研究以松嫩平原典型苏打盐渍土为对象，分析了稻草秸秆覆盖防止土壤返盐的效果，旨在为该区盐渍土改良研究提供借鉴。

一、材料与方法

（一）供试土样

供试土样取自大安碱地生态试验站（N45°35′58″—N45°36′28″，E123°50′27″—123°51′31″），取样时间为2009年8月。取样地点为典型的碱斑地，俗称光板地。取样深度为0～20 cm。土样自然风干，过2 mm筛。采用吸管法对土壤颗粒进行分析，其砂粒含量为33.75%，粉粒含量为35.79%，黏粒含量为30.46%，根据国际土壤颗粒质地分类标准，供试土样为黏土。土水比1∶5浸提液的电导率（$EC_{1:5}$）为3.12 $dS \cdot m^{-1}$，钠吸附比（$SAR_{1:5}$）为63.78 $(mmol_c \cdot L^{-1})^{1/2}$，总碱度（Alkalinity）为27.86 $mmol_c \cdot L^{-1}$，pH为10.01。

（二）实验设计

实验装置系统由土柱和供水装置组成。所用有机玻璃柱高60 cm，直径15 cm。地下水埋深50 cm，蓄水层厚度10 cm。采用“马氏瓶”供水并控制水位；当地潜水作为蒸发水源，其电导率为1.58 $dS \cdot m^{-1}$，钠吸附比为7.92，pH为7.89。

土样按容重1.25 $g \cdot cm^{-3}$分层（5 cm）均匀装入有机玻璃柱。实验包括4个处理：对照（CK）、表层覆盖（T1）、亚表层覆盖（T2）和双层覆盖（T3）。亚表层覆盖：在距离土柱表面20～25 cm处添加5 cm厚稻草秸秆；表层覆盖：在土壤表层覆盖5 cm厚稻草秸秆；双层覆盖：在距离土柱表面20～25 cm处铺设5 cm厚稻草秸秆，并在土壤表层覆盖5 cm厚稻草秸秆。稻草秸秆长1～2 cm，5 cm厚稻草秸秆重400 g。每个处理重复4次。

土柱装好后，马氏瓶开始供水。每天记录一次毛管水上升高度。整个蒸发过程历时60天。实验结束后，取上部0～20 cm土壤，测定含水量。配制土水比1∶5浸提液，测定各项化学指标。

(三)测试指标与方法

1. 土壤含水量的测定

土壤含水量用质量含水量表示，采用烘干法测定（刘光崧，1996）。

2. 土壤浸提液化学性质分析

土壤浸提液电导率采用 DDS-307 型电导率仪（上海雷磁科学仪器厂）测定；pH 用 PHS-3B 型便携式 pH 计（上海雷磁科学仪器厂）测定。Na^{+}浓度采用火焰光度法测定，Ca^{2+}和 Mg^{2+}浓度采用滴定法测定，$HCO_3^{-}+CO_3^{2-}$用中和滴定法测定。

钠吸附比（SAR）采用下面公式计算：

$$SAR=\frac{C_{Na^{+}}}{\sqrt{C_{(Ca^{2+}+Mg^{2+})}/2}}$$

总碱度（Alkalinity）采用下面公式计算：

$$\text{Alkalinity}=HCO_3^{-}+CO_3^{2-}$$

上述两式中，离子浓度单位均为 $mmol_c\cdot L^{-1}$，*SAR* 单位为 $(mmol_c\cdot L^{-1})^{1/2}$，Alkalinity 的单位为 $mmol_c\cdot L^{-1}$。

二、结果与分析

(一)毛管水上升高度

实验结束后，各处理毛管水上升高度情况见表 6.29。CK 和 T1 处理的毛管水上升高度均为 50 cm，即达到了土柱最上端；T2 和 T3 处理的毛管水上升高度均为 25 cm，仅达到了稻草秸秆隔层的下缘。而且，4 个处理的毛管水都是用了 9 ~ 10 d 的时间就上升到 25 cm 的高度，随后 CK 和 T1 处理的毛管水继续上升，分别在第 28 d 和 29 d 时到达土柱表面，但 T2 和 T3 处理的毛管水没用继续上升，而是一直停留在 25 cm 处。这说明稻草秸秆隔层阻断了土壤毛细管作用。

表 6.29　稻草秸秆覆盖对毛细管作用的影响

处理	毛管水高度及其对应时间		毛管水最终高度及其对应时间	
	高度（cm）	时间（d）	高度（cm）	时间（d）
对照（CK）	25	10	50	28
表层覆盖（T1）	25	9	50	29
亚表层覆盖（T2）	25	9	25	9
双层覆盖（T3）	25	10	25	10

（二）土壤含水量

实验结束后，T2 和 T3 处理的土壤含水量显著（$p<0.05$）低于 CK 和 T1 处理的含水量，而 T1 处理的含水量又显著（$p<0.05$）高于 CK 处理的含水量，如图 6.24 所示。T2 与 T3 处理的毛管水没有上升到表层的 0～20 cm 土壤，表层土壤水分没有得到补充；CK 和 T1 处理的毛管水上升到土柱表层，表层土壤水分得到补充。因此，T2 和 T3 处理的土壤含水量显著低于 CK 和 T1 处理的含水量。而 T1 处理与 CK 相比，表层覆盖降低了土壤蒸发量，因此其土壤含水量显著（$p>0.05$）高于对照处理。

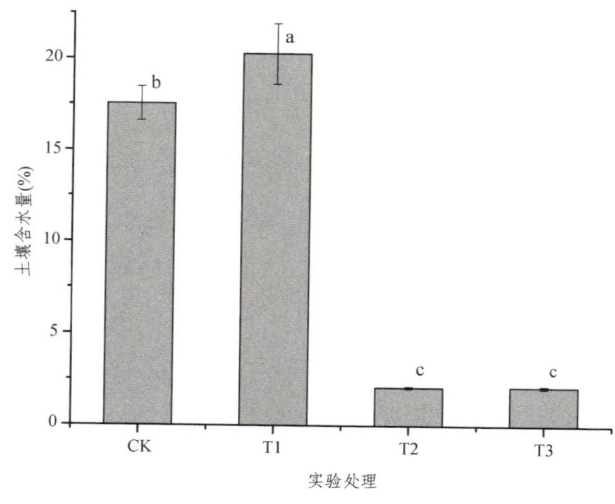

图 6.24　土壤含水量

(三)土壤 *EC*

实验结束后，3 个覆盖处理的 $EC_{1:5}$ 均显著（$p<0.05$）低于对照的 $EC_{1:5}$，而 T2 和 T3 处理的土壤 $EC_{1:5}$ 又显著（$p<0.05$）低于 T1 处理的土壤 $EC_{1:5}$，但 T2 和 T3 处理间的土壤 $EC_{1:5}$ 差异不显著（$p>0.05$）（见图 6.25）。而且，与实验前土壤 $EC_{1:5}=3.12\ dS\cdot m^{-1}$ 相比，T2 处理的 $EC_{1:5}=3.12\ dS\cdot m^{-1}$ 和 T3 处理的 $EC_{1:5}=3.13\ dS\cdot m^{-1}$ 均与其无显著性差异（$p>0.05$），T1 处理的 $EC_{1:5}=3.31\ dS\cdot m^{-1}$ 和对照处理的 $EC_{1:5}=3.57\ dS\cdot m^{-1}$ 均与其具有显著差异（$p<0.05$）。这说明，T2 和 T3 处理的土壤盐度没有增加，而 T1 处理和对照的土壤盐度增加明显。

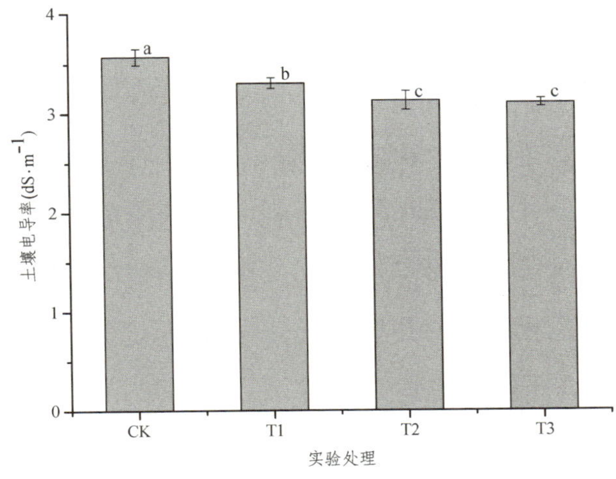

图 6.25 覆盖对土壤电导率的影响

(四)土壤 *SAR*

实验结束后，对照处理的 $SAR_{1:5}$ 均显著（$p<0.05$）高于 3 个覆盖处理的 $SAR_{1:5}$，T1 处理的 $SAR_{1:5}$ 又显著高于 T2 和 T3 处理的 $SAR_{1:5}$（$p<0.05$），但 T2 和 T3 处理的 $SAR_{1:5}$ 间无显著（$p>0.05$）差异（见图 6.26）。与实验前土壤的 $SAR_{1:5}$ 相比较，T2 和 T3 处理的 $SAR_{1:5}$

与实验前的 $SAR_{1:5}$ 差异不显著（$p>0.05$），T1 和 CK 处理的 $SAR_{1:5}$ 与实验前的差异显著（$p<0.05$）。这与土壤 $EC_{1:5}$ 的规律性相一致。

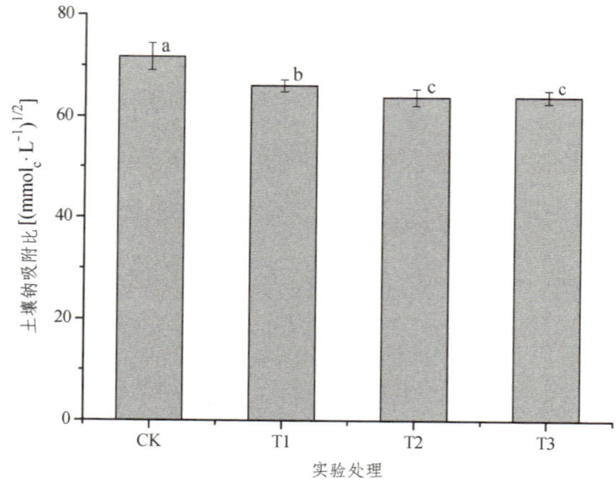

图 6.26　覆盖对土壤钠吸附比的影响

（五）土壤 Alkalinity

实验结束后各处理的 Alkalinity 情况如图 6.27 所示。由图 6.27 可知，覆盖处理对土壤 Alkalinity 的影响，与其对土壤 $EC_{1:5}$ 和 $SAR_{1:5}$ 的影响相一致。而且，与试验前相比，土壤 Alkalinity 的变化规律与土壤 $EC_{1:5}$ 和 $SAR_{1:5}$ 的变化规律完全相同。

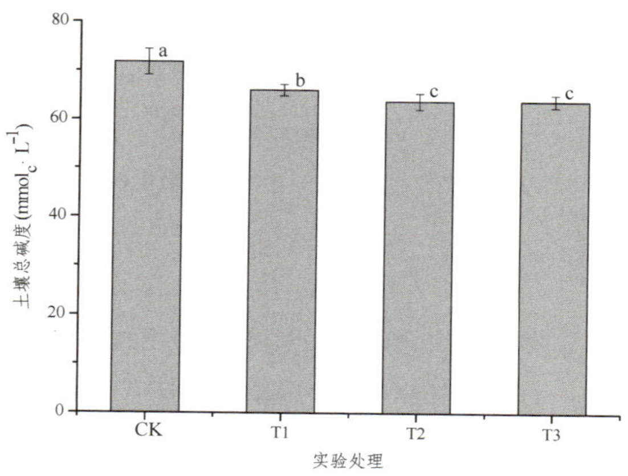

图 6.27　覆盖对土壤总碱度的影响

（六）土壤 pH

覆盖对土壤 pH 的影响结果如图 6. 28 所示。由图可知，覆盖措施显著（$p<0.05$）降低了土壤的 pH。而且，覆盖处理对土壤 pH 影响的变化规律与土壤 *EC*、*SAR* 和 Alkalinity 的变化规律完全一致。

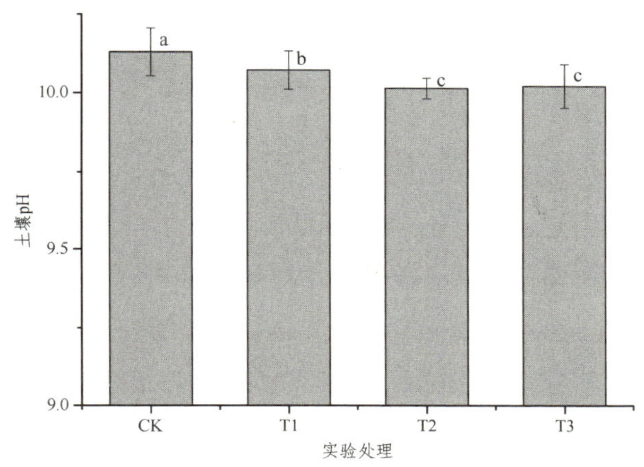

图 6. 28　覆盖对土壤 pH 的影响

三、讨论与结论

实验结果表明：T2 和 T3 处理的毛管水上升高度仅达到稻草隔层的下缘；T2 和 T3 处理表层土壤的含水量、*EC* 、*SAR* 、Alkalinity 和 pH 均显著（$p<0.05$）低于 T1 和 CK 处理；与实验前相比，T2 和 T3 处理的土壤盐渍化程度并未发生显著（$p<0.05$）变化。这说明，稻草隔层完全阻断了土壤的毛细管作用，毛管水无法到达土壤表层，因而切断了盐分随水向地表运移的途径，有效地防止了土壤返盐。

另外，尽管实验结束后 T1 处理的土壤盐渍化程度显著（$p<0.05$）高于其实验前的盐渍化水平，但仍然显著（$p<0.05$）低于对照处理的土壤盐渍化水平。因此，表层覆盖措施具有降低土壤返盐程度的作用。

第八节 综合措施：盐渍土种稻

松嫩平原苏打盐渍土的逆境胁迫条件十分复杂，单一措施无法解除全部胁迫因子，必须对工程、物理、化学、生物、农艺等改良技术措施进行优化组合，建立集成模式才能解除所有胁迫作用。

盐渍土种稻是将上述各项技术措施有机结合起来的最有效的方法，是松嫩平原苏打盐渍土改良利用的最佳模式。

苏打盐渍土种稻的具体技术措施包括（王春裕，2004）：

（1）建立灌排工程，完善排水系统：建立完善的灌溉排水系统，其任务在于淡化土壤耕层，使土壤含盐量尽快降低至水稻幼苗生长所能耐受的限度。

（2）建立标准条田，实施农田建设，其主要作用是：增强排水能力，促进盐分淋洗和冲洗，加速土壤脱盐。

（3）深耕晒垡，平整土地，深耕能够改善土壤物理性质，切割毛细管作用，形成隔离层，防止土壤返盐，同时土壤通透性变好，有利于土壤盐分淋洗。

（4）增施有机物料，改善土壤理化性质，提高土壤肥力。

（5）客土压砂，改善土壤物理性质。

（6）施用化学改良剂，降低土壤 *ESP* 与 pH，改善土壤物理性质。

（7）灌溉冲洗，淋溶盐分，在水稻移栽前，实施泡田冲洗，降低土壤溶液盐分总浓度，水稻移栽后，根据秧苗、土壤、天气、田面水分等情况进行排灌管理。

（8）水稻收获后，实施秸秆还田，既能通过覆盖作用防止土壤返盐，又能增加土壤有机质的含量，改善土壤的理化性质。

本章小结

本章详细叙述了解除苏打盐渍土逆境胁迫的技术措施，具体包括：

（1）施用化学改良剂（脱硫石膏）。

（2）物理改良措施，主要包括，降低土壤容重与微咸水灌溉，客土压砂，施用土壤结构改良剂等。

（3）水平冲洗排盐，因为苏打盐渍土的导水性能极差，以致垂直淋洗方式很难有效排除根层土壤盐分，因此，苏打盐渍土的排盐的方式应以水平冲洗为主。

（4）覆盖防止土壤返盐，采用亚表层覆盖能够完全阻断土壤的毛细管作用，切断地下水盐分向地表的运输通道，可以完全抑制土壤返盐，采用表层覆盖，可以部分抑制土壤返盐。

（5）增施有机肥料，苏打盐渍土施用有机肥料能够显著改善土壤理化性质，提高土壤肥力，因此，增施有机肥料是解除苏打盐渍土逆境胁迫的根本措施之一。

（6）种植耐（抗）盐植物，松嫩平原广泛分布着多种具有经济价值的盐生植物，为该区盐渍土的生物改良利用提供了物质基础。

（7）水利工程措施，解除苏打盐渍土逆境胁迫，排除土壤盐分是基础，而水利工程措施在这方面具有极为重要且不可替代的作用。

（8）综合措施（种植水稻）：松嫩平原苏打盐渍土逆境胁迫条件十分复杂，单一措施无法解除全部胁迫因子，必须对各项改良技术措施进行优化组合，建立集成模式才能解除所有胁迫作用，而种植水稻能将上述技术措施有机结合起来，是松嫩平原苏打盐渍土改良利用的最佳模式。

第七章　苏打盐渍土逆境胁迫解除的判断标准

第一节　化学性逆境胁迫解除判断标准

一、土壤盐害指标

采用土壤饱和浸提液电导率（EC_e）或土水比1:5浸提液电导率（$EC_{1:5}$）作为土壤盐害判断指标，之所以选择EC_e或$EC_{1:5}$作为土壤盐害的划分标准，是因为土壤盐害对作物生长的阻碍作用是由土壤溶液盐分总浓度（TEC）而非土壤盐分含量所决定的（USDA，1954），而土壤溶液的TEC可以用土壤溶液的电导率（EC）间接表示。TEC与EC间的线性关系为（McNeal，1970；Rengasamy，1984；USDA，1954；石元春等，1986）：

$$TEC \approx 10 \times EC \tag{7.1}$$

式中　TEC——溶液盐分总浓度（$mmol_c \cdot L^{-1}$）；

EC——溶液电导率（$dS \cdot m^{-1}$）。

土壤溶液的EC是反映土壤盐化程度的最佳指标（Rhoades et al.，1989），但田间状态的土壤溶液一般不易获得。而土壤饱和含水量近似等于田间土壤水分含量的 2 倍，与田间土壤实际水分状况最为接近（USDA，1954）。因此，国际上通常采用 EC_e 作为土壤盐害的判断指标。土壤盐害与作物产量的相互关系见表 7.1。

表 7.1　土壤盐害分级与作物产量关系（USDA，1954）

土壤盐害分级	饱和浸提液电导率	作物产量
无盐害	0 ~ 2	正常
轻度盐害	2 ~ 4	盐极敏感型作物产量受抑制
中度盐害	4 ~ 8	大多数作物产量受抑制
重度盐害	8 ~ 16	仅耐盐型作物产量正常
极度盐害	> 16	少数极耐盐型作物产量正常

根据表 7.1 可知，国际上通常将 $EC_e = 4\ dS \cdot m^{-1}$ 作为判断土壤是否发生盐害的阈值，这一判断标准的实质是 $EC_e = 4\ dS \cdot m^{-1}$ 对应的土壤饱和浸提液 TEC 使大多数作物开始减产。$EC_e = 4\ dS \cdot m^{-1}$ 这一盐害判断标准能否应用在松嫩平原盐渍土地区，还需验证该区盐渍土 *TEC* 与 *EC* 的相互关系是否符合方程（7.1）。松嫩平原苏打盐渍土饱和浸提液 *TEC* 与 *EC* 的关系与方程（7.1）完全一致（详见第三章）。因此，表 7.1 适用于松嫩平原苏打盐渍土。另外，土壤饱和浸提液制备过程繁琐，而松嫩平原苏打盐渍土的 EC_e 与 $EC_{1:5}$ 间可以进行换算（详见第三章），因此，可以使用 $EC_{1:5}$ 来判断土壤盐害。松嫩平原苏打盐渍土盐害判断标准见表 7.2。

表 7.2　松嫩平原土壤盐害分级

土壤盐害分级	饱和浸提液电导率 ($dS \cdot m^{-1}$)	土水比1:5 浸提液电导率 ($dS \cdot m^{-1}$)
无盐害	0 ~ 2	0 ~ 0.18
轻度盐害	2 ~ 4	0.18 ~ 0.36
中度盐害	4 ~ 8	0.36 ~ 0.73
重度盐害	8 ~ 16	0.72 ~ 1.45
极度盐害	> 16	> 1.45

表7.2给出的是一般性的土壤盐害分级，从土壤角度出发，$EC_e < 4\ dS \cdot m^{-1}$或$EC_{1:5} < 0.36\ dS \cdot m^{-1}$可以作为普遍标准判断土壤盐害是否已经解除。然而，不同作物的耐盐能力不同，针对某一具体作物而言，应用表7.2判断土壤盐害范围过于宽泛。因此，从作物角度出发，应该采用Mass - Hoffman方程（Maas，Hoffman，1977）判断土壤盐害情况：

$$Y_r = 100 - b \times (EC_e - EC_t) \tag{7.2}$$

式中 Y_r——相对产量（%）；

b——斜率，即盐度（EC_e）增加一个单位所对应的相对产量减少量；

EC_e——土壤饱和浸提液电导率（$dS \cdot m^{-1}$）；

EC_t——作物开始减产时的临界电导率（$dS \cdot m^{-1}$）。

二、土壤pH的判断标准

国际上通常将pH > 8.5的土壤定义为碱性土壤（Sumner & Nadiu，1998；USDA，1954），因此，可以将pH = 8.5作为解除土壤高pH危害的判断阀值。

第二节　物理性逆境胁迫解除标准

一、土壤饱和导水率（K_{10}）判断标准

美国盐渍土实验室的研究认为：$K_{10} < 1.0\ mm \cdot h^{-1}$时土壤不宜进

行灌溉（USDA，1954）。因此，可以将 $K_{10}=1.0\ mm\cdot h^{-1}$ 作为判断解除苏打盐渍土物理性逆境胁迫的阈值指标，当 $K_{10}>1.0\ mm\cdot h^{-1}$ 时，苏打盐渍土物理性逆境胁迫得以解除。

二、土壤最小限制水分含量判断标准

Letey（1985）首次提出了土壤无限制水分区间（No-limiting water range，NLWR）的概念，是指土壤环境对作物生长限制作用（土壤水分有效性、通气性、机械阻力）最小时的土壤水分含量区间（土壤体积含水量，下同）。Da Silva 等（1994）将这一概念进一步发展为土壤最小限制水分区间（Least limiting water range，θ_{LLWR}）。最小限制水分区间的上限是指田间持水量或充气孔隙含量为10%时的土壤含水量，取二者中的最小值；最小限制水分区间的下限是指萎蔫点含水量或土壤对作物根系产生机械阻力时的含水量，二者取最大值。具体而言，可以用下面的方式表述：

最小限制水分区间：

上限：最小值｛田间持水量，充气孔隙为10%时的土壤含水量｝

下限：最大值｛萎蔫点系数，土壤对根系生长产生机械阻力时的含水量｝

当 $\theta_{LLWR}=0$ 时，植物生长开始受到土壤物理性质的限制（Da Silva et al.，1994）。因此，可以将 $\theta_{LLWR}>0$ 作为判断苏打盐渍土物理性逆境胁迫解除的判断标准。

三、土壤孔隙分布特征或水分特征判断标准

土壤孔隙可分为三级：非毛管孔隙（通气孔隙）、毛管孔隙（也

称活性孔隙）和束缚水所占孔隙（也称非活性孔隙）（黄昌勇，2000）。三种孔隙体积占土壤总体积的百分含量分别称为：非毛管孔度（通气孔度，P_a）、毛管孔度（P_c，也称活性孔度）和束缚水所占孔度（P_b，也称非活性孔度）。一般认为，$P_a < 15\%$时土壤结构性较差，对作物生长发育产生不利影响（黄昌勇，2000）。即$P_a < 15\%$可以作为土壤发生逆境胁迫的判断标准之一。

刘孝义（1985）建议，以土壤有效水含量和无效水含量的比值作为评价土壤供水能力强弱的指标，比值大于0.5为供水能力强，反之则弱。

假设，土壤有效水含量为θ_a，无效水分含量为θ_b，那么，根据刘孝义（1985）的观点，θ_a与θ_b间的关系式应为：

$$\theta_a > 0.5\theta_b \tag{7.3}$$

通常情况下，将1.5 MPa土壤水吸力时的土壤含水量作为土壤无效水含量。因此，可以将土壤有效水含量小于0.5倍1.5 MPa土壤水吸力时的土壤含水量作为判断土壤发生逆境胁迫的标准之一。

根据上述两项指标，苏打盐渍土物理性逆境胁迫解除的判断标准为：

$$P_a > 15\% \ \& \ \theta_a > 0.5\theta_b \tag{7.4}$$

即土壤通气性孔隙含量大于15%并且有效水含量大于0.5倍无效水含量时，苏打盐渍土物理性逆境得到解除。

土壤水分状态与土壤孔隙分布密切相关。土壤全部孔隙充满水时，土壤达到饱和状态，对应的土壤含水量为饱和含水量（θ_s）；毛管孔隙中的水分为有效水分，对应的土壤含水量为θ_a；非活性孔隙中的水分为无效水，对应的土壤含水量为θ_b；毛管孔隙和非活性孔

隙充满水时对应的土壤含水量为田间持水量 θ_f，即

$$\theta_f = \theta_a + \theta_b \tag{7.5}$$

因此，$P_a > 15\%$ 对应的土壤水分特征为：

$$\theta_s - \theta_f > 15\% \tag{7.6}$$

将式（7.5）代入式（7.6）得：

$$\theta_f > 1.5\theta_b \tag{7.7}$$

因此，式（7.4）可以替换为：

$$\theta_s - \theta_f > 15\% \ \& \ \theta_f > 1.5\theta_b \tag{7.8}$$

即松嫩平原苏打盐渍土物理性逆境胁迫解除的判断标准为：土壤饱和含水量与田间持水量的差值大于15%，并且田间持水量大于1.5倍的土壤无效水分含量。

式（7.3）对应的土壤孔隙度关系为：

$$P_c > 0.5P_b \tag{7.9}$$

因此，式（7.4）可以替换为：

$$P_a > 15\% \ \& \ P_c > 0.5P_b \tag{7.10}$$

即松嫩平原苏打盐渍土物理性逆境胁迫解除的判断标准为：土壤通气孔度大于15%，并且毛管孔度大于0.5倍的非活性孔度。

本章小结

本章对松嫩平原苏打盐渍土逆境胁迫解除的判断标准进行了分析。采用电导率（EC）和pH作为土壤化学性逆境胁迫的判断标准，当 $EC_e < 4\ \mathrm{dS \cdot m^{-1}}$ 或 $EC_{1:5} < 0.36\ \mathrm{dS \cdot m^{-1}}$ 时，即可认为土壤盐害得

以解除；当土壤 pH <8.5 时，即可认为土壤高 pH 的危害得以解除。可以采用土壤饱和导水率（K_{10}）、最小限制水分区间（θ_{LLWR}），土壤孔隙分布特征（土壤通气孔度，P_a；毛管孔度，P_c；非活性孔度，P_b）和水分特征（饱和含水量，θ_s；田间持水量，θ_f；有效水含量，θ_a；无效水含量，θ_b）等指标判断苏打盐渍土物理性逆境胁迫的发生或解除。苏打盐渍土物理性逆境胁迫解除的判断标准为：①K_{10} > 1.0 mm h^{-1}；②$\theta_{LLWR} > 0$；③$P_a > 15\%$ &$\theta_a > 0.5\theta_b$；④$\theta_s - \theta_f > 15\%$ &$\theta_f > 1.5\theta_b$；⑤$P_a > 15\%$ &$P_c > P_b$。只要苏打盐渍土物理性质满足上述 5 式中的一个标准，即可认为其物理性逆境胁迫已经解除。

第八章　研究结论与展望

第一节　研究结论

一、苏打盐渍土的理化性质

苏打盐渍土的物理性质严重恶化，土壤黏粒分散系数高达95%以上，甚至接近100%，土壤水稳性大团聚体含量为0%，土壤透水性极差，供试土壤饱和导水率变化范围为0.02 mm·d^{-1} < K_{10} < 0.22 mm·d^{-1}，土壤几乎不透水。

松嫩平原盐渍土的盐分组成以$NaHCO_3$和Na_2CO_3为主，土壤中Na^+含量占可溶性阳离子总量的比例在70%以上，HCO_3^-和CO_3^{2-}含量占可溶性阴离子总量的比例在80%以上。该区苏打盐渍土的碱化度（*ESP*）很高，多在30%以上，最高可达90%以上，土壤钠质化（碱化）程度很高。

土壤饱和浸提液电导率（EC_e）、钠吸附比（SAR_e）和pH（pH_s）的研究结果表明，松嫩平原苏打盐渍土的盐渍化程度很高，且EC_e、SAR_e和pH_s变化幅度很大，说明土壤的盐渍化程度空间差异很大。另外，EC_e和SAR_e的数值显著高于土水比1:5浸提液的（$EC_{1:5}$）和钠吸附比（$SAR_{1:5}$）的数值，因此，如果采用$EC_{1:5}$和

$SAR_{1:5}$表示土壤的盐渍化程度会明显低估松嫩平原苏打盐渍土的盐渍化危害。

松嫩平原苏打盐渍土饱和浸提液与土水比1∶5浸提液的盐分总浓度（TEC）与电导率（EC）间的换算关系均为：$TEC \approx 10EC$。这与国内外其他研究结果相一致，该研究结果表明，可以将土壤浸提液 EC 作为松嫩平原苏打盐渍土盐害程度的判断指标，并且国际上通用的以 EC_e 为判断指标的土壤盐害分级标准可以在松嫩平原苏打盐渍土上应用。

松嫩平原苏打盐渍土饱和浸提液的 EC、SAR、TCC、Na^+浓度与土水比1∶5浸提液的 EC、SAR、TCC、Na^+浓度间存在显著的相关性。可以通过测定土水比1∶5浸提液的化学参数来推算饱和浸提液相对应的化学参数，将土水比1∶5浸提液 EC、SAR、TCC、Na^+浓度转换为饱和浸提液 EC、SAR、TCC、Na^+浓度的换算系数分别为：11.00、13.00、11.00、12.00。但是，两种浸提液的 K^+、Ca^{2+}、Mg^{2+}浓度间不存在相关关系，因此，无法通过土水比1∶5浸提液的 K^+、Ca^{2+}、Mg^{2+}浓度换算饱和浸提液的 K^+、Ca^{2+}、Mg^{2+}浓度。另外，土水比1∶5浸提液的 pH（$pH_{1:5}$）与饱和浸提液的 pH 相差很小，在统计学意义上可以将 $pH_{1:5}$的测定值与 pH_s的测定值看作是同一样本，因此，在实际工作中可以用 $pH_{1:5}$代替 pH_s来表示土壤酸碱度。

松嫩平原苏打盐渍土 ESP 与 SAR 间存在显著相关性。该区苏打盐渍土 ESP 与 SAR_e的经验方程为：$ESP = 10.72 \times \ln(SAR_e) - 15.36$；$ESP$ 与 $SAR_{1:5}$的经验方程为：$ESP = 11.44 \times \ln(SAR_{1:5}) + 5.48$。方程 $ESP = 10.72 \times \ln(SAR_e) - 15.36$ 的计算结果可能出现负值，而且土壤过饱和浸提液的制备过程十分繁琐，因此，在实践中建议使用 $SAR_{1:5}$推算该区苏打盐渍土的 ESP。

对土壤黏粒分散系数与 *SAR/TEC* 的关系进行了分析，其结果表明黏粒分散系数随 *SAR/TEC* 的增加而增大，当 *SAR/TEC* 达到一定阈值后，黏粒几乎完全分散。这说明苏打盐渍土的物理性质与化学性质密切相关，归根结底，土壤物理性质恶化是由土壤化学性质恶化引起的。

二、苏打盐渍土逆境胁迫的胁迫因子与胁迫机制

苏打盐渍土的逆境胁迫包括化学性逆境胁迫与物理性逆境胁迫。化学性逆境胁迫的胁迫因子包括：过高的土壤盐分浓度、过高的土壤 Na^+ 浓度和过高的土壤 pH。高盐分浓度对应的胁迫机制是渗透胁迫，高 Na^+ 浓度的胁迫机制为离子毒害和离子拮抗，高 pH 的胁迫机制包括以下 3 个方面：

（1）高 pH 对植物根系的直接腐蚀作用。

（2）高 pH 导致某些营养元素匮乏或有效性降低。

（3）形成某些有害物质阻碍植物生长。

土壤化学性质恶化引起土壤物理性质恶化，因此，苏打盐渍土的物理性逆境胁迫可以看作是化学性逆境胁迫的间接作用。苏打盐渍土物理性逆境胁迫的胁迫机制包括以下 4 个方面：

（1）土壤基质势胁迫，即土壤水吸力过高而引起的植物根系吸水困难。

（2）营养胁迫，即根系吸水困难而间接导致的营养元素吸收困难。

（3）通气性胁迫，即土壤通透性差而导致的植物根系呼吸困难。

（4）机械阻力胁迫，即土壤结构恶化对作物出苗和根系伸展产生的机械阻力。

三、解除苏打盐渍土逆境胁迫的基本原理与技术措施

解除松嫩平原苏打盐渍土逆境胁迫的基本原理就是去除土壤环境中的各项胁迫因子，其具体内容包括：

（1）置换交换性 Na^+。土壤交换性 Na^+ 含量过高是引起土壤黏粒分散的根本原因，因此，要改善土壤物理性质，根本措施就是要置换交换性 Na^+，然后将其排出土体。

（2）排出土壤盐分。苏打盐渍土的土壤溶液盐分浓度很高，渗透势胁迫非常突出，因此，改良利用苏打盐渍土必须排出土壤盐分，使土壤溶液盐分浓度降低到植物正常生长可以忍受的程度。

（3）降低土壤 pH。高 pH 是松嫩平原苏打盐渍土逆境胁迫的主要胁迫因子之一，因此，解除逆境胁迫必须降低土壤 pH。

（4）改善土壤物理性质。改善土壤物理性质一方面可以消除盐渍土的物理性逆境胁迫，另一方面也可以促进盐分淋洗。

（5）防止土壤返盐。松嫩平原苏打盐渍土秋、冬、春三季土壤返盐现象十分严重，若要保持盐渍土改良利用效果，必须在解除苏打盐渍土逆境胁迫后抑制土壤返盐，否则，土壤将再次发生盐渍化，形成逆境胁迫。

（6）培肥熟化土壤。苏打盐渍土的肥力很差，而且在土壤排盐过程中，植物营养元素又处于流失状态，因此，在解除苏打盐渍土逆境胁迫的同时必须通过农业生物措施培肥土壤，补充和提高土壤有机质和植物营养元素，只有这样才能真正达到改良利用苏打盐渍土的目的。

解除苏打盐渍土逆境胁迫的技术措施包括：

（1）化学改良措施，脱硫石膏、硫酸铝、石膏等化学改良剂对苏

打盐渍土的改良效果十分突出。

（2）改善土壤物理性质的措施主要包括：降低土壤容重、微咸水灌溉、客土压砂、施用土壤结构改良剂等。

（3）冲洗排盐，苏打盐渍土的排盐方式应以水平冲洗为主，因为苏打盐渍土的导水性能极差，以致垂直淋洗方式很难有效排出土壤盐分。

（4）种植耐（抗）盐植物，如星星草、甘草等。

（5）增施有机肥料，苏打盐渍土施用有机肥料能够显著改善土壤理化性质，提高土壤肥力，促进作物增产。

（6）水利工程措施，解除苏打盐渍土的逆境胁迫，排出土壤盐分是基础，而水利工程措施在这方面具有极为重要且不可替代的作用。

（7）覆盖防止土壤返盐，采用亚表层覆盖能够完全阻断土壤的毛细管作用，切断地下水盐分向地表的运输通道，可以完全抑制土壤返盐，采用表层覆盖，可以部分抑制土壤返盐。

（8）综合措施（种植水稻）：松嫩平原苏打盐渍土的逆境胁迫条件十分复杂，单一措施无法解除全部胁迫因子，必须对各项改良技术措施进行优化组合，建立集成模式才能解除所有胁迫作用，而盐渍土种稻能将上述技术措施有机结合起来，是松嫩平原苏打盐渍土改良利用的最佳模式。

四、苏打盐渍土逆境胁迫解除的判断标准

采用土壤饱和浸提液电导率（EC_e）或土水比1:5浸提液电导率（$EC_{1:5}$）作为土壤盐害的判断标准，当 $EC_e < 4\ dS \cdot m^{-1}$ 或 $EC_{1:5} < 0.36\ dS \cdot m^{-1}$ 时，即可认为土壤盐害得以解除；当土壤 pH < 8.5 时，

即可认为土壤高 pH 的危害得以解除。

采用土壤饱和导水率（K_{10}）、最小限制水分区间（θ_{LLWR}），土壤孔隙分布特征（土壤通气孔度，P_a；毛管孔度，P_c；非活性孔度，P_b）和水分特征（饱和含水量，θ_s；田间持水量，θ_f；有效水含量，θ_a；无效水含量，θ_b）等指标判断苏打盐渍土物理性逆境胁迫是否已经解除。苏打盐渍土物理性逆境胁迫解除的判断标准为：①K_{10} > 1.0 mm h^{-1}；②$\theta_{LLWR} > 0$；③$P_a > 15\%$ &$\theta_a > 0.5\theta_b$；④$\theta_s - \theta_f > 15\%$ &$\theta_f > 1.5\theta_b$；⑤$P_a > 15\%$ &$P_c > P_b$。只要苏打盐渍土物理性质满足上述标准中的一个，即可认为其物理性逆境胁迫已经解除。

第二节　未来研究展望

一、关于苏打盐渍土理化性质的研究

苏打盐渍土化学性质恶化是导致土壤物理性质恶化的根本原因，在今后的工作中，应对二者间的定量关系进行深入细致的研究，主要目标是建立土壤化学性质参数 *SAR/TEC* 或 *SAR/EC* 与土壤入渗速率（*IR*）、K_{10}、θ_{LLWR} 等物理性质参数间的经验关系方程。

二、关于苏打盐渍土逆境胁迫的胁迫因子与胁迫机制的研究

苏打盐渍土的化学性逆境胁迫与物理性逆境胁迫均对作物的生长发育产生不利影响，针对这方面的研究，在今后的工作中应重点关注

以下 3 方面的内容：

（1）盐渍土化学性质与作物生长的定量关系，主要是对 Mass-Hoffman 方程进行进一步细化，研究作物不同生长阶段的耐盐阈值及其与作物产量的关系，另外，还要对离子毒害作用对作物生长发育的影响进行深入探讨，主要研究在相同土壤盐分浓度条件下，不同盐分离子组成与作物生长和产量的定量关系。

（2）土壤物理性质与作物生长的定量关系，以最小限制水分区间作为土壤物理性质的综合判断指标，研究其与作物产量的定量关系。

（3）化学性逆境胁迫限制作用与物理性逆境胁迫限制作用的区分和比较。苏打盐渍土的化学性逆境胁迫与物理性逆境胁迫均对作物生长产生阻碍作用，致使作物减产，那么，二者对作物减产的贡献率孰大孰小？各占多少比例？回答清楚这个问题对于解除苏打盐渍土逆境胁迫具有重要的指导意义。

三、关于解除苏打盐渍土逆境胁迫的基本原理与技术措施的研究

这部分研究内容主要包括以下几个方面：

（1）松嫩平原苏打盐渍土的 Na-Ca 置换系数，苏打盐渍土交换性 Na^+ 含量非常高，改良时必须使用 Ca^{2+} 置换交换性 Na^+，理论上，置换 Na^+ 需要等摩尔电荷的 Ca^{2+}，然而，实际情况往往并非如此，因此，在今后的工作中应确定松嫩平原苏打盐渍土的 Na－Ca 置换系数及其影响因素。

（2）在水平冲洗排盐条件下研究苏打盐渍土土壤水盐平衡，苏打盐渍土主要通过水平冲洗的方式排出土壤盐分，这种情况下，土壤的

水盐运移规律和水盐平衡与盐分垂直淋洗情况完全不同，需要对其进行深入细致研究，明确其水盐运移规律，尤其是水平冲洗排盐的排盐系数及其影响因素，对实践工作具有重要的指导意义。

（3）植物改良，选取合适的耐（抗）盐植物，制订合理的栽培耕作措施，对植物改良的效果进行评估。

（4）防止土壤返盐，筛选更多的、有效的防止土壤返盐的技术措施。

（5）土壤培肥，研究解除苏打盐渍土逆境胁迫过程中化学肥料与有机肥料的配合使用问题，揭示苏打盐渍土土壤熟化培肥的本质。

（6）将盐渍土的改良与利用相结合，筛选和建立更多的苏打盐渍土农业可持续发展综合技术模式。

参考文献

[1] 蔡阿兴，陈章英，蒋正琦，等. 我国不同盐渍地区盐分含量与电导率的关系 [J]. 土壤学报，1997，1：54－57.

[2] 陈恩凤，等. 吉林省前郭灌区土壤苏打盐渍化的成因及累积过程 [J]. 土壤学报，1962，10（4）：309－314.

[3] 陈恩凤等. 有机质改良盐渍土的作用 [J]. 土壤通报，1984，15（5）：193－196.

[4] 程伯容，王汝庸. 东北前郭灌区苏打盐渍土的改良 [J]. 土壤学报，1962. 10（3）：156－165.

[5] 陈志鸿，胡勇军，郭继勋. 生物、化学改良对重度盐碱化草地土壤水分特性影响的比较研究 [J]. 东北师范大学学报：自然科学版，2002，34（3）：92－95.

[6] 陈志雄. 中国几种主要土壤的持水性质 [J]. 土壤学报，1979，16（3）：277－281.

[7] 方汝林. 土壤冻结、消融期水盐动态的初步研究 [J]. 土壤学报，1982（2）：164－172.

[8] 郭继勋，孙刚，姜世成. 枯草层在盐碱化草地植被恢复中的生态作用 [J]. 东北师范大学学报：自然科学版，1998，3：107－110.

[9] 黄昌勇. 土壤学 [M]. 北京：中国农业出版社，2000.

[10] 吉林省土壤肥料总站. 吉林省土壤 [M]. 北京：中国农业出版社，1998.

[11] 黎立群. 对地下水临界深度若干问题的认识 [J]. 土壤学报，1979，4：133－137.

[12] 刘广明，杨劲松，姚荣江. 影响土壤浸提液电导率的盐分化学性质要素及其强度分析 [J]. 土壤学报，2005，42（2）：248－253.

[13] 李彬，王志春，梁正伟，等. 吉林省大安市苏打碱土碱化参数之间的关系 [J]. 土壤通报，2007，38（3）：443－446.

[14] 李昌华. 松嫩平原地下水的土壤近代积盐过程 [J]. 土壤学报，1964，12（1）：34－42.

[15] 李昌华，何昌云. 松嫩平原盐渍土主要类型、性质及其形成过程 [J]. 土壤学报，1963，11（2）：196－208.

[16] 李冬顺，杨劲松，周静. 黄淮海平原盐渍土壤浸提液电导率的测定及其换算 [J]. 土壤通报，1996，27（6）：285－287.

[17] 李法虎. 土壤物理化学 [M]. 北京：化学工业出版社，2006.

[18] 李取生，李秀军，李晓军，等. 松嫩平原苏打盐碱地治理与利用 [J]. 资源科学，2003，25（1）：15－20.

[19] 李取生，裘善文，邓伟. 松嫩平原土地次生盐碱化研究 [J]. 地理科学，1998，18（3）：268－272.

[20] 李述训，等. 冻融土中水热输运问题 [M]. 兰州：兰州大学出版社，1995.

[21] 林年丰，汤洁，卞建民，等. 东北平原第四纪环境演化与

荒漠化研究 [J]. 第四纪研究, 1999 (5): 448 - 455.

[22] 刘孝义. 东北地区主要土壤持水特性的研究 [J]. 沈阳农学院学报, 1985 (2), 31 - 37.

[23] 刘兴土, 何岩, 邓伟, 等. 东北区域农业综合发展研究 [M]. 北京: 科学出版社, 2002.

[24] 罗金明, 邓伟, 张晓平, 等. 苏打盐渍土的微域特征以及水分的迁移规律探讨 [J]. 土壤通报, 2009, 40 (3): 482 - 486.

[25] 罗新正, 孙光友. 松嫩平原大安古河道强度盐渍土种稻脱盐试验 [J]. 土壤通报, 2007, 38 (1): 72 - 76.

[26] 罗新正, 朱坦, 孙广友. 松嫩平原大安古河道湿地的恢复与重建 [J]. 生态学报, 2003, 23 (2): 244 - 230.

[27] 潘英华, 雷霆武, 张晴雯, 等. 土壤结构改良剂对土壤水动力学参数的影响 [J]. 农业工程学报, 2003, 19 (4): 37 - 39.

[28] 彭冲, 李法虎, 潘兴瑶. 聚丙烯酰胺施用对碱土和非碱土水力传导度的影响 [J]. 土壤学报, 2006, 43 (5): 835 - 842.

[29] 秦耀东. 土壤物理 [M]. 北京: 高等教育出版社, 2003.

[30] 邵明安, 王全九, 黄明斌. 土壤物理学 [M]. 北京: 高等教育出版社, 2006.

[31] 石元春, 李韵珠, 陆锦文等. 盐渍土的水盐运动 [M]. 北京: 北京农业大学出版社, 1986.

[32] 石元亮, 杨国荣, 王晶, 等. 有机物料对苏打盐渍土物理特性及盐分迁移的影响 [J]. 吉林农业科学, 1989 (2): 47 - 53.

[33] 松轩, 杜丽平, 张成才. 有机物料改良碱土的效果研究 [J]. 河南农业科学, 2004 (8): 57 - 60.

[34] 宋长春，邓伟．吉林西部地下水特征及其与土壤盐渍化的关系 [J]．地理科学，2000，20 (3)：246-250.

[35] 宋长春，邓伟，李秀军，等．松嫩平原西部土壤次生盐渍化防止技术研究 [J]．地理科学，2002，22 (5)：610-614.

[36] 宋长春，何岩，邓伟．松嫩平原盐渍土壤生态地球化学 [M]．北京：科学出版社，2003.

[37] 唐泽军，雷霆武，张晴雯等．降雨及聚丙烯酰胺 (PAM) 作用下土壤的封闭过程和结皮的形成 [J]．生态学报，2002，22 (5)：674-681.

[38] 王波，王世珍，王春媛．牛马粪压碱改良碱化草原效果 [J]．草业科学，2005，22 (8)：67-68.

[39] 王春裕．中国东北盐渍土 [M]．北京：科学出版社，2004.

[40] 汪贵斌，曹福亮，游庆方，等．盐碱胁迫对 4 树种叶片中 K^+ 和 Na^+ 的影响及其耐盐能力的评价 [J]．植物资源与环境学报，2001，10 (1)：30-34.

[41] 王慧芳，邵明安．含碎石土壤水分入渗试验研究 [J]．水科学进展，2006，17 (5)：604-609.

[42] 王晶，肖延华，朱平等．松嫩平原盐渍土的发展演化与影响因素 [J]．吉林农业科学，1995 (2)：66-71.

[43] 王全九，叶海燕，史晓南，等．土壤初始含水量对微咸水入渗特征影响 [J]．水土保持学报，2004，18 (1)：51-53.

[44] 王汝庸，王春裕．东北盐渍土种稻 [M]．沈阳：辽宁人民出版社，1973.

[45] 王宇，韩兴，赵兰坡. 硫酸铝对苏打盐碱土的改良作用研究 [J]. 水土保持学报，2008，20 (4)：50 - 53.

[46] 王宇，韩兴，赵兰坡. 硫酸铝对苏打盐碱土的改良作用研究 [J]. 水土保持学报，2006，20 (4)：50 - 53.

[47] 王志春. 盐碱胁迫下水稻 (Oryzasativa) 生理响应研究 [D]. 长春：中国科学院东北地理与农业生态研究所，2005.

[48] 王志春，孙长占，李秀军等. 苏打盐碱地水稻开发综合技术模式 [J]. 农业系统科学与综合研究，1999，19 (1)：56 - 59.

[49] 王尊亲，祝寿泉，俞仁培，等. 中国盐渍土 [M]. 北京：科学出版社，1993.

[50] 吴英. 松嫩平原低平易涝区土壤盐分的季节性变化 [J]. 土壤，1997 (2)：92 - 95.

[51] 谢承陶，李志杰，章友安，等. 有机质与土壤盐分的相关作用及其原理 [J]. 土壤肥料，1993 (1)：19 - 22

[52] 徐学祖，等. 土体冻胀与盐胀机理 [M]. 北京：科学出版社，1995.

[53] 俞仁培，陈德明. 我国盐渍土资源及其开发利用 [J]. 土壤通报，1999，30 (4)：158 - 159.

[54] 杨富亿，李秀军，王志春，等. 稻 - 鱼 - 苇 - 蒲模式对苏打盐碱土的改良 [J]. 农业现代化研究，2004，25 (4)：306 - 309.

[55] 余书文，汤章程. 植物生理与分子生物学 [M]. 2 版. 北京：科学出版社，2001.

[56] 曾昭顺，王汝庸. 东北苏打盐渍土微域分布特点 [J]. 土壤学报，1962，10 (3)：121 - 128.

[57] 张殿发，王世杰．土地盐碱化过程中的冻融作用机制——以吉林省西部平原为例 [J]．水土保持通报，20 (6)：14 - 17.

[58] 张殿发，王世杰．吉林西部土地盐碱化的生态地质环境研究 [J]．土壤通报，2002，33 (2)：90 - 93.

[59] 张为政．草地土壤次生盐渍化——松嫩平原次生盐碱斑成因的研究 [J]．土壤学报，1993，30 (2)：182 - 188.

[60] 张为政．松嫩平原羊草草地土壤水盐运动规律的研究 [J]．植物生态学报，1994 (2)：133 - 138.

[61] 赵可夫，张万钧，范海等．改良和开发利用盐渍化土壤的生物学措 [J]．土壤通报，2001，32 (专辑)：115 - 119.

[62] 赵兰坡，王宇，马晶．吉林省西部苏打盐碱土改良研究 [J]．土壤通报，2001，32 (专辑)：91 - 96.

[63] 郑冬梅，许林书，罗金明等．松嫩平原盐沼湿地冻融期水盐动态研究——以吉林省长岭县十三泡地区湖滩地为例 [J]．湿地科学，2003，3 (1)：48 - 53.

[64] 周蓓蓓，邵明安．土石混合介质饱和导水率的研究 [J]．水土保持学报，2006，20 (6)：62 - 66.

[65] 周蓓蓓，邵明安．不同碎石含量及直径对土壤水分入渗过程的影响 [J]．土壤学报，2007，44 (5)：801 - 807.

[66] 庄季屏．土壤低吸力段持水性能及其与早期土壤抗旱关系的研究 [J]．土壤学报，1996，23 (4)：307 - 312.

[67] ABROL I P, YADAV J S P, MASSOUD F I. Salt - Affected Soils and their Management. FAO Soils Bulletin 39[M]. Rome: FAO, 1998.

[68] AGASSI M, SHAINBERG I, MORIN J. Effect of electrolyte con-

centration and soil sodicity on infiltration rate and crust formation[J]. Soil Science Society of American Journal,1981(45):848 -851.

[69]AGASSI M, SHAINBERG I, MORIN J. Effect of powdered phosphogypsum on the infiltration rate of sodic soils[J]. Irrigation Science,1986(7):53 -61.

[70]AMEZKETA E, ARAGÜÉS R, GAZOL R. Efficiency of sulfuric acid,mined gypsum,and two gypsum by - products in soil crusting prevention and sodic soil reclamation[J]. Agronomy Journal, 2005(97):983 -989.

[71]AMEZKETA E, ARAGÜÉS R, GAZOL R. Efficiency of sulfuric acid,mined gypsum,and two gypsum by - products in soil crusting prevention and sodic soil reclamation[J]. Soil Science Society of America Journal, 2005(97):983 -989.

[72]ARMSTONG A S B, TANTON T W. Gypsum applications to aggregated saline - sodic clay topsoils[J]. Journal of Soil Science, 1992(43):249 -260.

[73]AYERS R S, WESTCOT D W. Water Quality for Agriculture. FAO Irrigation and Drainage Paper No. 29[M]. Rome:FAO,1985.

[74]BAUDER J W, BROCK T A. Irrigation water quality,soil amendment,and crop effects on sodium leaching[J]. Arid Land Research and Management,2001(15):101 -113.

[75]CHEN Y, BANIN A. Scanning electron microscope(SEM) observations of soil structure changes induced by sodium calcium exchange in relation to hydraulic conductivity[J]. Soil Science Society of America Journal,

1975(120):428 -36.

[76]CHRISTENSEN B T. Physical fraction of soil and structural and functional complexity in organic matter turnover[J]. European Journal of Soil Science,2001(52):345 -353.

[77] CZARNES S, HALLETT P D, BENGOUGH A G, et al. Root - and microbial - derived mucilages affect soil structure and water transport [J]. European Journal of Soil Science,2005(51):435 -443.

[78]DA SILVA A P, KAY B D, PERFECT E. Characterization of the least limiting water range of soils[J]. Soil Science Society of America Journal,1994(58):1775 -1781.

[79]ENDO T, YAMAMOTO S, HONNA T, et al. Sodium - calcium exchange selectivity as influenced by clay minerals and composition[J]. Soil Science,2002(167):117 -125.

[80] Faulkner H, Willson, B. R. , Solman, K. , et al. Comparison of three cation extraction methods and their use in determination of sodium adsorption ratios of some sodic soils[J]. Communications in Soil Science and Plant Analysis,2001,32(11&12):1765 -1777.

[81]FRANKLIN W T, SCHMEHL W R. Physical, salinity and fertility analysis of selected soils. Water Management Technical Report No. 28[M]. Fort Collins: Colorado State University, 1973.

[82]FRANZEN D. 2003. Managing saline soils in North Dakota. http://www. ag. ndsu. edu/pubs/plantsci/soilfert/sf1087 -1, htm.

[83]FRENKEL H, ALPEROVITCH N. Factors affecting the estimation of exchangeable sodium percentage in soils from Israel[J]. Hassadeh,

1983(63):1291 - 1296.

[84]FRENKEL H, GOERTZEN J O, RHOADES J D. Effect of clay type and content, exchangeable sodium percentage, and electrolyte concentration on clay dispersion and soil hydraulic conductivity[J]. Soil Science Society of America Journal, 1978(142):32 - 39.

[85]GHAFOOR A, MUHAMMED S, AHMAD N, et al. Indices for the estimation of ESP from SAR of soil solution[J]. Pakistan Journal of Science, 1988(39):89 - 98.

[86]GUO G, ARAYA K, JIA H, et al. Improvement of salt - affected soils, part 1: interception of capillarity[J]. Biosystems Engineering, 2006, 94(1):139 - 150.

[87]HARDY N, SHAINBERG I, GAL M, et al. The effect of water quality and storm sequence upon infiltration rate and crust formation[J]. Journal of Soil Science, 1983(34):665 - 676.

[88]HOGG T J, HENRY J L. Comparison of 1∶1 and 1∶2 suspensions and extracts with the saturation extract in estimating salinity in Saskatchewan soils[J]. Canadian Journal of Soil Science, 1984(64):669 - 704.

[89]ILYAS M, MILLE R W, QURESHI R H. Hydraulic conductivity of saline - sodic soil after gypsum application and cropping[J]. Soil Science Society of America Journal, 1993(57):1580 - 1585.

[90]ILYAS M, QURESHI R H, QADIR M A. Chemical changes in a saline - sodic soil after gypsum application and cropping[J]. Soil Technology, 1997(10):247 - 260.

[91]KHAN M, UNGAR I A, SHOWALTER A W. Effect of salinity on growth, water relations and ion accumulation of the subtropical perennial halophyte, Atriplex griffithii var. stocksii[J]. Annuals of Botany, 2000(85): 225 - 232.

[92]KOVDA V A, BERG C VAN DEN, HAGAN R M. Irrigation, Drainage and Salinity[M]. Rome: FAO/UNESCO, 1973.

[93]LEBRON I, SUAREZ D L, YOSHIDA T. Gypsum effect on the aggregate size and geometry of three sodic soils under reclamation[J]. Soil Science Society of America Journal, 2002(66): 92 - 98.

[94] Letey J. Relationship between soil physical properties and crop production[J]. Advance in Soil Science, 1985(1): 277 - 294.

[95]LEVY G J, HILLEL D. Thermodynamic equilibrium constants of Na/Ca exchange in some Israeli soils[J]. Soil Science, 1968 (106): 393 - 398.

[96]LEVY G J, GOLDSTEIN D, MAMEDOV A I. Saturated hydraulic conductivity of semiarid soils: combined effects of salinity, sodicity, and rate of wetting[J]. Soil Science Society of America Journal, 2005 (69): 653 - 662.

[97]LEVY G J, ROSENTHAL A, TORCHITZKY J, et al. Soil hydraulic conductivity changes caused by irrigation with reclaimed waste waters [J]. Journal of Environmental Quality, 1999(28): 1658 - 1664.

[98]LONGENECKER D E, LYLERLY P J. Making soil pastes for salinity analysis: A reproducible capillary procedure[J]. Soil Science, 1964 (97): 268 - 275.

[99]MA G, RENGASAMY P, RATHJEN A J. Phytotoxicity of aluminum to wheat plants in high pH solutions [J]. Australian Journal of Experimental Agriculture,2003,43(5):497 -501.

[100]MAAS E V, HOFFMAN G J. Crop salt tolerance - current assessment[J]. Journal of the Irrigation and Drainage Division,1977(103): 115 -134.

[101]MACE J E, AMRHEIN C, OSTER J D. Comparison of gypsum and sulfuric acid for sodic soil reclamation[J]. Arid Soil Research and Rehabilitation,1999(13):171 -188.

[102]MAMEDOV A I, LEVY G J, SHAINBERG I, et al. Wetting rate,sodicity,and soil texture effects on infiltration rate and runoff[J]. Australian Journal of soil Research,2001(39):1293 -1305.

[103]Mashhady A S, Rowell D L. Soil alkalinity. I. Equilibria and alkalinity development[J]. Journal of Soil Science,1978(29):65 -75.

[104] MCINTYRE D S. Permeability measurements of soil crusts formed by raindrop impact[J]. Soil Science,1958(85):185 -189.

[105] MCINTYRE D S. Exchangeable sodium, subplasticity and hydraulic conductivity of some Australian soils[J]. Australian Journal of soil Research,1979(17):11 5 -120.

[106]MCKENZIE R C, SPROUT C H, CLARIK N F. The relationship of the yield of irrigated barley to soil salinity as measured by several methods[J]. Canadian Journal of Soil Science,1983(63):519 -528.

[107]MCNEAL B L, OSTER J D, HATCHER J T. Calculation of electrical conductivity from solution composition data as an aid to in - situ

estimation of soil salinity[J]. Soil Science,1970,110(6):405 -414.

[108]MEHUYS G R, STOLZY L H, LETEY J, et al. Effects of stones on the hydraulic conductivity of relatively dry desert soils[J]. Soil Science Society of America Journal,1975(39):37 -42.

[109]MEZEWA J, GOTOSA J, NYAMWANZA B. Characterisation of a sodic soil catena for reclamation and improvement strategies[J]. Geoderma,2003(113):161 -175.

[110]MOLOPE M B, GRIEVE I C, PAGE E R. Contributions by fungi and bacteria to aggregate stability of cultivated soils[J]. Journal of soil science,1987(38):71 -77.

[111]MURPHY J A, MURPHY S L, SAMARANAYAKE, H. Soil physical constraints and plant growth interactions[A]. In Plant - Environment Interactions [M]. Ed. Wilkinson, R. E. New York: Marcel Dekker,2000.

[112]NAIDU R, RENGASAMY P. Ion interactions and constraints to plant nutrition in Australian sodic soil[J]. Australian Journal of Soil Research,1993(31):801 -819.

[113]NAYAK AK, SHARMA D K, MISHRA V K, et al. Reclamation of saline - sodic soil under a rice - wheat system by horizontal surface flushing[J]. Soil Use and Management,2008(24):337 -343.

[114]OADES J M. Soil organic matter and structural stability: mechanisms and implications for management[J]. Plant and Soil, 1984 (76): 319 -337.

[115] OSTER J D. Gypsum usage in irrigated agriculture: a review

[J]. Fertilizer Research,1982(3):73 -89.

[116]PALIWAL K V, GGNDHI A P. Effect of salinity,SAR,Ca:Mg ratio in irrigation water and soil texture on the permeability of exchangeable sodium percentage[J]. Soil Science,1976,122(2):85 -90.

[117]PLAUT Z, MEINZER F C, FEDERMAN E. Leaf development, transpiration and ion uptake & distribution in sugarcane cultivars grown under salinity[J]. Plant and Soil,2000(218):59 -69.

[118]PUCKETT W E, DANE J H, HAJEK B F. Physical and mineralogical data to determine soilhydrau licproperties[J]. Soil Science Society of America Journal,1985(49):831 -836.

[119]QADIR M, OSTER J D. Vegetative bioremediation of calcareous sodic soils:history,mechanisms,and evaluation[J]. Irrigation Science,2002(21):91 -101.

[120]QADIR M OSTER J D. Crop and irrigation management strategies for saline - sodic soil and water aimed at environmentally sustainable agriculture[J]. Science of the total environment,2004(323):1 -19.

[121]QADIR M, NOBLE A D, OSTER J D, et al. Driving forces for sodium removal during phytoremediation of calcareous sodic and saline -sodic soils: a review[J]. Soil Use and Management, 2005(21):173 -180.

[122]QADIR M, OSTER J D, SCHUBERT S, et al. Phytoremediation of Sodic and Saline - Sodic Soils[J]. Advances in Agronomy,2007(96):197 -247.

[123] QADIR M, QURESH R H, AHMAD N. Reclamation of a

saline - sodic soil by gypsum and Leptochloa fusca[J]. Geoderma, 1996(74):207 - 217.

[124]QADIR M, QURESHI R H, AHMAD N. Horizontal flushing: a promising ameliorative technology for hard saline - sodic and sodic soils[J]. Soil Tillage Research, 1998(45):119 - 131.

[125]QADIR M, SCHUBERT S, GHAFOOR A, et al. Amelioration strategies for sodic soils: a review[J]. Land Degradation & Development, 2001(12):357 - 386.

[126]QIURK J P, SCHOFIELD P K. The effect of electrolyte concentration on soil permeability[J]. Journal of Soil Science, 1955, 6(2):163 - 178.

[127]QUIRK J P. Soil permeability in relation to sodicity and salinity[J]. Philosophical Transactions of the Royal Society(London), 1984(316):297 - 317.

[128]QUIRK J P. Interparticle forces: a basis for the interpretation of soil physical behaviour[J]. Advances in Agronomy, 1994(53):121 - 183.

[129]QUIRK J P. The significance of the threshold and turbidity concentrations in relation to sodicity and microstructure[J]. Australian Journal of Soil Research, 2001(39):1185 - 1217.

[130]REITEMEIER R F. Effect of moisture content on the dissolved and exchangeable ions of soils of arid regions[J]. Soil Science, 1946(61):195 - 214.

[131]RENGASAMY P. Subsoil constraints and agricultural productivity[J]. Journal of Indian Society Soil Sciences, 2000(48):674 - 682.

[132] RENGASAMY P. Transient salinity and subsoil constraints to dryland farming in Australian sodic soils: Anoverview[J]. Australian Journal of Experimental Agriculture, 2002(42): 351 - 361.

[133] RENGASAMY P, CHITTLEBOROUGH D, HELYAR K. Root - zone constraints and plant - based solutions for dryland salinity[J]. Plant and Soil, 2003(257): 249 - 260.

[134] RENGASAMY P, GREENE R S B, FORD G W, et al. Identification of Dispersive Behaviour and the Management of Red - brcwn Earths [J]. Australian Journal of Soil Research, 1984(22): 413 - 431.

[135] RHOADES J D. Electrical conductivity methods for measuring and mapping soil salinity [J]. Advances in Agronomy, 1993 (49): 201 - 251.

[136] RHOADES J D. MANTEGHI N A, SHOUSE P J, et al. Estimating soil salinity from saturated soil paste electrical conductivity[J]. Soil Science Society of America Journal, 1989(53): 428 - 433.

[137] RILLING MATTHIAS C, MUMMERY DANIEL L. Mycorrhizas and soil structure[J]. New Phytologist, 2006(171): 41 - 53.

[138] Robbins, C. W. Sodic calcareous soil reclamation as affected by different amendments and crops [J]. Agronomy Journal, 1986 (78): 916 - 920.

[139] Rugland, R. B. Correlation of electrical conductivities of the saturated paste extract(EC_e) and the 1∶2 soil - to - water wxtract(EC_2) as a function of saturation percentage in greenhouse soil mixes[J]. Hortscience, 1972, 7(2): 190 - 192.

[140]SAUER T J, SALLY D L. Hydraulic and physical properties of stone soils in a small watershed[J]. Soil Science Society of America Journal, 2002(66):1947 -1956.

[141]SHAINBERG I, GAL M. The effect of lime on the response of soils to sodic conditions[J]. European Journal of Soil Science, 1982(33):489 -498.

[142]SHAINBERG I, LETEY J. Response of soils to sodic and saline conditions[J]. Hilgardia, 1980(61):21 -57.

[143]SHAINERG I, LEVY G J, GOLDSTEIN D, et al. Prewetting rate and sodicity effects on the hydraulic conductivity of soils[J]. Australian Journal of soil Research, 2001(39):1279 -1291.

[144]SHAINBERG I, RHOADES J D, PRATHER R J. Effect of low electrolyte concentration on clay dispersion and hydraulic conductivity of a sodic soil[J]. Soil Science Society of America Journal, 1981(45):273 -277.

[145]Shainberg, I., Sumner, M. E., Miller, W. P., et al. Use of gypsun1 on soils: a review[J]. Advances in Soil Science, 1989(9):1 -111.

[146]Shirokova, Y., Forkutsa, I. & Sharafutdinova, N. Use of electrical conductivity in stead of soluble salts for soil salinity monitoring in Central Asia[J]. Irrigaion and Drainage System, 2000(14):199 -205.

[147]Slavich, P. G. & Petterson, G. H. Estimating the Electrical Conductivity of Saturated Paste Extracts from 1∶5 Soil: Water Suspensions and Texture[J]. Australian Journal of Soil Research, 1993(31):73 -81.

[148]SONMEZ S, BUYUKTAS D, OKTUREN F, et al. Assessment of

different soil to water ratios(1∶1,1∶2.5,1∶5) in soil salinity studies[J]. Geoderma,2008(144):361 -369.

[149]SONNEVELD C, VAN DEN ENDE J. Soil analysis by means of a 1:2 volume extract[J]. Plant and Soil,1971(35):505 -516.

[150]SPARKS D L. Methods of soil analysis[M]. Madison:ASA and SSSA,1996.

[151]SUMNER M E, NAIDU N. Sodic Soils:Distribution,Properties, Management,and Environmental Consequences[M]. New York:Oxford University Press,1998.

[152]SUMNER M E. Sodic Soils:New Perspectives[J]. Australian Journal of Soil Research,1993(31):683 -750.

[153] SZABOLCS I. Salt - Affected Soils [M]. Boca Raton: CRC Press,1989.

[154]TANG Z, LEI T, YU J, et al. Runoff and interrill erosion in sodic soils treated with dry PAM and Phosphogypsum[J]. Soil Science Society of America Journal,2006(70):679 -690.

[155]TANJI K K. Agricultural Salinity Assessment and Management. ASCE Manuals and Reports on Engineering Practice No. 71[M]. New York: American Society of Civil Engineers,1990.

[156] TISDALL J M, OADES J M. 1982. Organic matter and water - stable aggregates in soils[J]. Journal of Soil Science,1982(33): 141 -163.

[157]TISDALL J M. Fungal Hyphae and Structural Stability of Soil [J]. Australian Journal of Soil Research,1991(29):729 -743.

[158] VALZANO F P, GREENE R S B, MURPHY B W, et al. Effects of gypsum and stubble retention on the chemical and physical properties of a sodic grey Vertosol in western Victoria[J]. Australian Journal of Soil Research, 2001(39):1333-1347.

[159] VAN BEEK C G E M, VAN BREEMEN N. The alkalinity of alkali soils[J]. Journal of Soil Science, 1972, 24(1):129-136.

[160] VAUGHN P J, LESCH S M, CORWIN D L, et al. Water content effect on soil salinity prediction: A geostatistical study using cokriging [J]. Soil Science Society of America Journal, 1995(59):1146-1156.

[161] WAGENET R J, JURINAK J J. Spatial Variability of Soluble Salt Content in a Mancos Shale Watershed[J]. Soil Science, 1978(126): 342-349.

[162] YU J, LEI T, SHAINBERG I, et al. Infiltration and erosion in soils treated with dry PAM and gypsum[J]. Soil Science Society of America Journal, 2003(67):630-636.

[163] ZHANG H, SCHRODER J L, PITTMAN J J, et al. Soil Salinity Using Saturated Paste and 1:1 Soil to Water Extracts[J]. Soil Science Society of America Journal, 2005(69):1146-1151.